AF469353

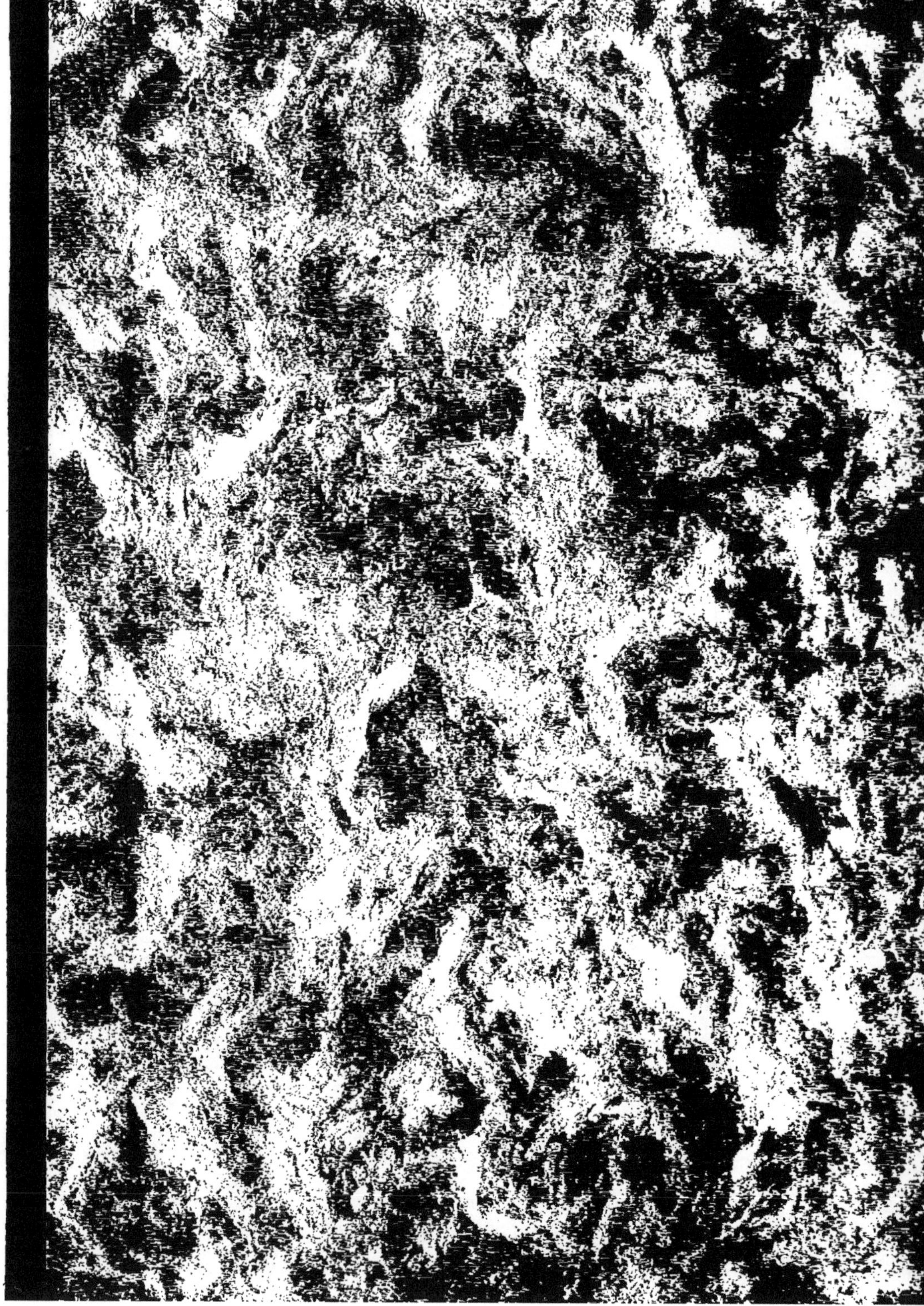

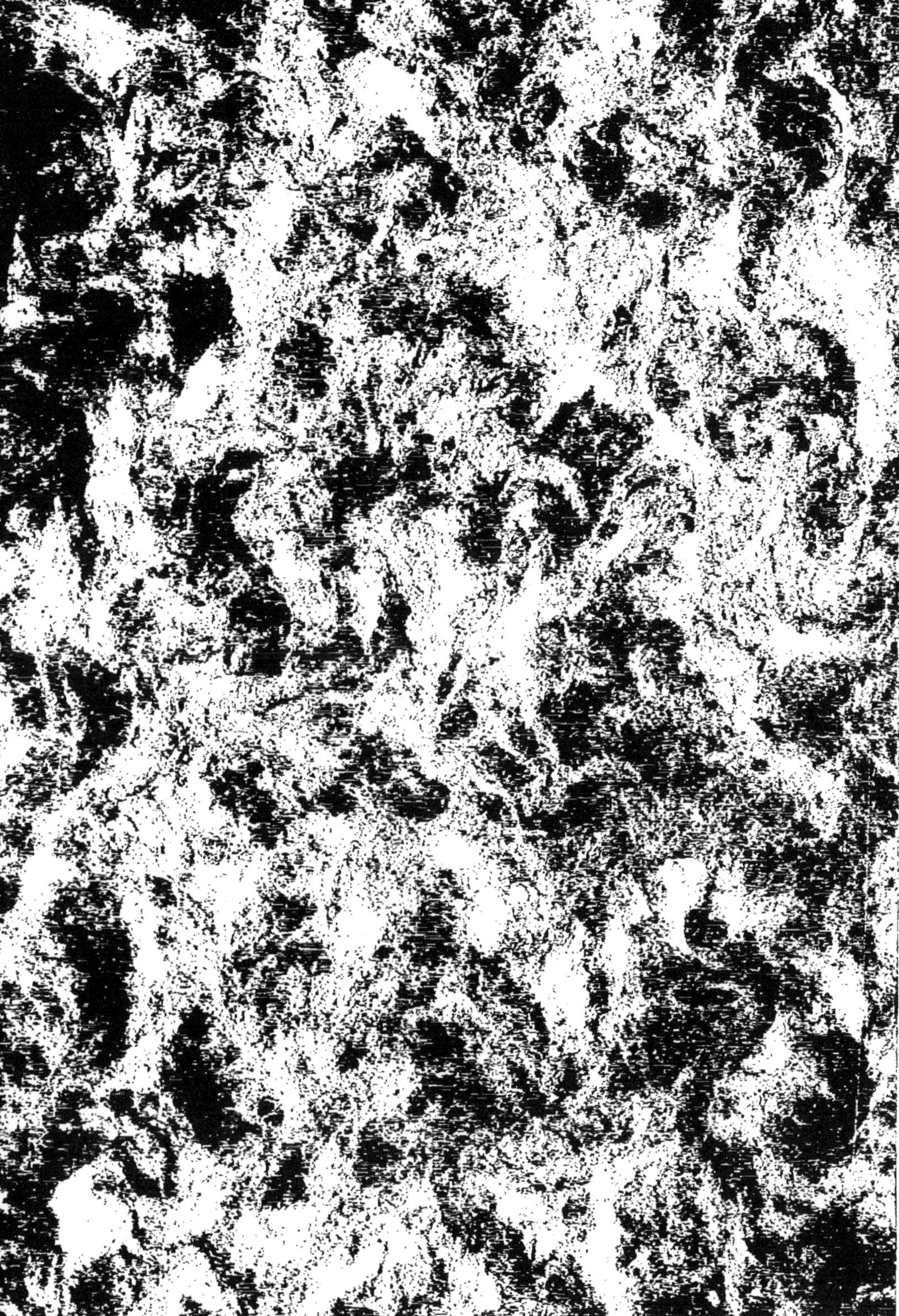

A FERRET 1980

FRANCE

ET

ITALIE

PAR C. FALLET

ROUEN

MAISON MÉGARD ET Cie, ÉDITEURS

E. VIMONT, EX-ASSOCIÉ, SUCCESSEUR

1860

BIBLIOTHÈQUE MORALE

DE

LA JEUNESSE

PUBLIÉE

AVEC APPROBATION

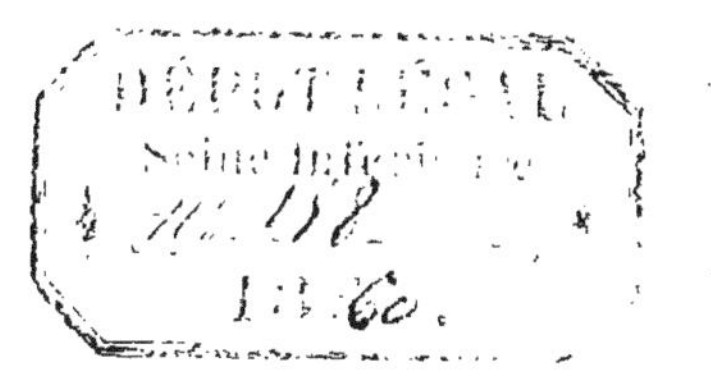

FRANCE

ET

ITALIE

PAR C. FALLET

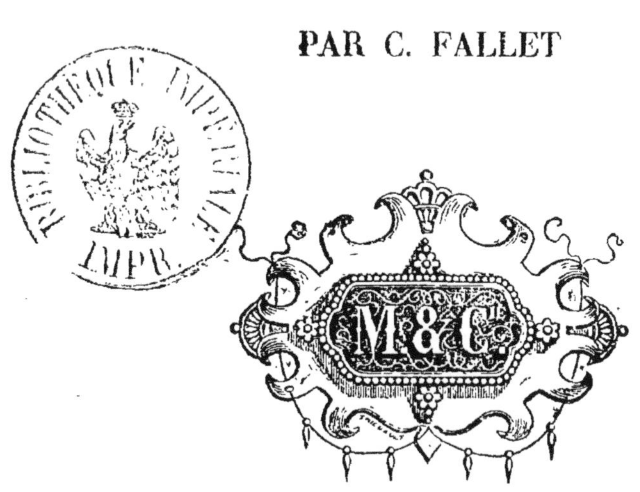

ROUEN
MAISON MÉGARD ET Cie, ÉDITEURS
E. VIMONT, EX-ASSOCIÉ, SUCCESSEUR
1860

Départ de l'Empereur pour l'armée d'Italie.

Les Ouvrages composant la **Bibliothèque morale de la Jeunesse** ont été revus et ADMIS par un Comité d'Ecclésiastiques nommé par MONSEIGNEUR L'ARCHEVÊQUE DE ROUEN.

L'Ouvrage ayant pour titre : **France et Italie,** a été lu et admis.

Le Président du Comité,

Picard
Archip. de la Métrop.

Avis des Éditeurs.

Les Éditeurs de la **Bibliothèque morale de la Jeunesse** ont pris tout à fait au sérieux le titre qu'ils ont choisi pour le donner à cette collection de bons livres. Ils regardent comme une obligation rigoureuse de ne rien négliger pour le justifier dans toute sa signification et toute son étendue.

Aucun livre ne sortira de leurs presses, pour entrer dans cette collection, qu'il n'ait été au préalable lu et examiné attentivement, non-seulement par les Éditeurs, mais encore par les personnes les plus compétentes et les plus éclairées. Pour cet examen, ils auront recours particulièrement à des Ecclésiastiques. C'est à eux, avant tout, qu'est confiée le salut de l'Enfance, et, plus que qui que ce soit, ils sont capables de découvrir ce qui, le moins du monde, pourrait offrir quelque danger dans les publications destinées spécialement à la Jeunesse chrétienne.

Aussi tous les Ouvrages composant la **Bibliothèque morale de la Jeunesse** sont-ils revus et approuvés par un Comité d'Ecclésiastiques nommé à cet effet par Monseigneur l'Archevêque de Rouen. C'est assez dire que les écoles et les familles chrétiennes trouveront dans notre collection toutes les garanties désirables, et que nous ferons tout pour justifier et accroître la confiance dont elle est déjà l'objet.

FRANCE

ET ITALIE.

I.

Causes de la guerre. — Proposition d'un congrès. — Ultimatum de l'Autriche. — Invasion du Piémont. — Organisation de l'armée française. — L'empereur à Gênes, puis à Alexandrie.

Depuis longtemps l'Autriche cherchait à étendre sa domination en Italie; les traités lui avaient donné le Milanais et la Vénétie; mais, non contente de la possession de ces belles provinces, elle avait augmenté son influence dans la Péninsule par des alliances et des traités avec la Toscane et les duchés de Parme et de Modène.

Ces empiétements éveillèrent l'attention de la France, et souvent nos rois furent en guerre avec les empereurs d'Autriche. En 1797, le général Bonaparte fut chargé de leur arracher l'Italie ; il y réussit ; mais en 1815, les Autrichiens rentrèrent en possession du royaume Lombard-Vénitien. Ils faillirent le perdre de nouveau en 1848 ; et sans doute il leur eût échappé, si la France eût accordé son aide aux populations italiennes qui s'étaient soulevées contre l'Autriche.

Une haine profonde devait exister entre les Italiens et ces maîtres qui n'avaient ni la même langue, ni le même caractère, ni les mêmes mœurs, et c'était au prix des plus grands sacrifices que les empereurs maintenaient leur domination en Lombardie. En 1848, un grand politique anglais, lord Palmerston, conseillait au gouvernement autrichien d'affranchir les Italiens et de leur faire acheter cette liberté par un juste et équitable arrangement pécuniaire.

« Il n'existe aucun motif raisonnable, ajoutait ce diplomate, de supposer que le mécontentement (si la domination autrichienne est aujourd'hui rétablie dans ces provinces) ne saisisse pas la première occasion pour éclater de nouveau en révolte et en insurrection. Un grand déploiement de forces, au prix de grandes dépenses, deviendrait de nouveau nécessaire pour dompter cette révolte ; le secours étranger sera de nouveau imploré, pour empêcher ces provinces de succomber encore, et, après cette nouvelle expérience de l'impossibilité de réconcilier ce peuple avec la domination de l'Autriche, on ne peut guère douter que ce secours lui sera accordé. »

Lors du congrès de Paris, en 1856, les plénipotentiaires cherchèrent à faire comprendre à l'Autriche la nécessité de quelques concessions envers ses sujets italiens ; mais ils ne réussirent point à dissiper les méfiances survenues entre cette puissance et la Sardaigne, pour laquelle l'occupation des provinces italiennes par les armées autrichiennes constituait un danger permanent.

Une rupture éclata enfin entre le cabinet de Vienne et celui de Turin ; la France essaya de concilier les divers intérêts des deux souverains ; mais ses efforts n'aboutirent pas, et la guerre devint imminente entre François-Joseph, empereur d'Autriche, et Victor-Emmanuel II, roi de Sardaigne.

Victor-Emmanuel était l'allié de la France et lui avait envoyé, lors de la guerre de Crimée, l'élite de ses braves soldats. Il comptait donc sur l'aide de cette noble puissance, qui se fait honneur de soutenir les faibles dans leurs justes réclamations, et qui jamais n'a manqué à ses engagements. L'Autriche faisait de formidables préparatifs en Lombardie et en Vénétie; elle y avait déjà plus de quatre-vingt mille hommes, elle y envoyait encore journellement des troupes, et elle faisait réparer ou augmenter les fortifications de ses principales places de guerre. Le roi de Sardaigne, instruit de ces mesures provocatrices, assembla ses soldats sur les frontières et resserra son alliance avec l'empereur des Français par le mariage de sa fille aînée, la princesse Clotilde, avec le prince Napoléon.

Napoléon III promit de prendre la défense du Piémont, si l'Autriche commençait les hostilités; mais, sincèrement animé du désir d'éviter l'effusion du sang, il consentit à remettre à un congrès, dont la réunion avait été proposée par la Russie, la solution des difficultés survenues entre l'empereur d'Autriche et Victor-Emmanuel.

La France espérait encore le maintien de la

paix, car l'Autriche avait paru vouloir consentir à la réunion du congrès ; mais le 22 avril 1859, on apprit que François-Joseph venait de sommer le Piémont d'avoir à désarmer dans un délai de trois jours, s'il ne voulait voir fondre sur lui les armées autrichiennes.

Cette sommation ne pouvait être acceptée; donc la guerre était certaine. Napoléon III, qui avait laissé l'Autriche rassembler en Lombardie des forces considérables sans faire lui-même aucun armement, jugea que le moment était venu de se préparer à soutenir son allié. Il ordonna en conséquence la concentration d'une armée sur la frontière du Piémont.

L'empereur se réserva le commandement en chef de cette armée, qui fut partagée en cinq corps. Le premier fut placé sous les ordres du maréchal Baraguey-d'Hilliers, qui depuis près de cinquante ans n'a cessé de servir glorieusement son pays. Le deuxième corps avait pour chef le général de Mac-Mahon, qui s'était brillamment distingué en Crimée, et surtout à la prise de Malakoff. Le troisième était placé sous le commandement du maréchal Canrobert, qui s'est aussi fait une haute réputation en Crimée.

Le quatrième obéissait au général Niel, dont les habiles combinaisons avaient puissamment contribué à la prise de Bomarsund. Enfin, le cinquième corps, qui devait former la réserve, était confié au prince Napoléon.

L'armée s'organisa avec une merveilleuse rapidité : deux batteries d'artillerie de campagne, deux compagnies du génie, trois régiments de ligne, deux régiments de chasseurs à cheval, un régiment de hussards, un bataillon de chasseurs à pied, deux régiments de zouaves, et les tirailleurs algériens, connus sous le nom de turcos. Ces troupes, habituées à la vie de campagne et au soleil de l'Afrique, devaient rendre de grands services en Italie.

L'intendance militaire et le service de santé furent aussi l'objet des plus grands soins, et l'artillerie se prépara à faire usage des canons perfectionnés, dont l'empereur avait donné la première idée.

Ces canons, rayés à l'intérieur, reçoivent des projectiles creux, de forme conique, munis de petites ailes de plomb qui entrent dans les rayures de la pièce, qui donnent au tir la plus grande précision et une portée bien supérieure à celle des anciens canons. Ces projectiles frappent avec une force étonnante et ils éclatent ensuite comme des obus, en répandant la mort autour d'eux, ou en ouvrant des brèches dans les plus formidables murailles. Le nouveau système présente encore d'autres avantages : les pièces rayées sont beaucoup plus petites que les anciennes, et demandent une charge de poudre bien moins considérable. Dans les mauvais pas, les canonniers peuvent transporter sans peine sur leurs épaules les pièces de campagne, et les manœuvres de cette artillerie si légère en comparaison de l'ancienne sont infiniment plus rapides et plus faciles.

Le roi Victor-Emmanuel mit aussi son armée sur le pied de guerre et déclara qu'il la commanderait en personne. Cette armée s'était grossie d'une foule de volontaires de tout rang et de tout pays ; on y remarquait des jeunes gens appartenant à la plus haute noblesse de la Toscane et des autres États d'Italie.

Le 27 avril, le roi, les princes, les grands dignitaires de la Sardaigne et une foule enthousiaste se réunirent dans la cathédrale de Turin, pour demander à Dieu le succès des armes piémontaises et recevoir la bénédiction du clergé. Le même jour, Léopold II, grand-duc de Toscane, ne pouvant consentir au vœu de ses troupes, qui demandaient à marcher contre les Autrichiens, quitta ses États et se rendit à Bologne avec sa famille.

Le délai fixé par l'Autriche pour le désarmement du Piémont expirait le 26 avril ; toutefois elle ne commença les hostilités que le 29, François-Joseph voulant, disait-il, laisser au cabinet de Londres le temps de faire une dernière tentative pour le maintien de la paix. Cette tentative ne pouvait aboutir ; c'était un effort désespéré, auquel ceux mêmes qui le faisaient n'avaient pas confiance.

Le 29, l'armée autrichienne, divisée en cinq corps, sous les ordres des princes de Lichtenstein et de Schwarzenberg, du comte de Stadion, du baron Zobel et du général Benedeck, marcha vers le Tessin et franchit en trois jours cette rivière, qui séparait les États italiens de l'empereur d'Autriche de ceux du roi de Sardaigne. Les Autrichiens occupèrent toute la Lomelline, Novare, Mortara, Verceil, où leur général en chef, Giulay, établit son quartier général.

Ils jetèrent ensuite deux ponts sur le Pô; mais une crue des eaux leur faisant craindre que ces ponts ne fussent emportés, ils renoncèrent à s'établir sur la rive droite du fleuve.

Il était à craindre que cette armée qui venait de franchir le Tessin ne se portât rapidement sur la capitale de la Sardaigne, ou n'allât attendre les troupes françaises à la descente des Alpes, où elle aurait pu les attaquer en détail ; les Autrichiens n'y songèrent pas, ou l'inondation produite par la rupture des canaux destinés à féconder les rizières les força d'y renoncer.

Ils n'avaient sans doute pas compté sur l'extrême rapidité avec laquelle les secours arriveraient de France. En quelques jours une armée avait été rassemblée sur les frontières du Piémont ; elle traversait les Alpes, et son avant-garde entrait à Turin le 30 avril. Le même jour, une division arrivait à Gênes par mer, et les populations italiennes saluaient avec enthousiasme la venue de ses libérateurs.

Le 3 mai, l'empereur Napoléon III adressait à son peuple la proclamation suivante :

« Français !

« L'Autriche, en faisant entrer son armée sur le territoire du roi de Sardaigne, notre allié, nous déclare la guerre. Elle viole ainsi les traités, la justice, et menace nos frontières. Toutes les grandes puissances ont protesté contre cette agression. Le Piémont ayant accepté les conditions qui devaient assurer la paix, on se demande quelle peut être la raison de cette invasion soudaine. C'est que l'Autriche a amené les choses à cette extrémité, qu'il faut qu'elle domine jusqu'aux Alpes, ou que l'Italie soit libre jusqu'à l'Adriatique; car, dans ce pays, tout coin de terre demeuré indépendant est un danger pour son pouvoir.

« Jusqu'ici la modération a été la règle de ma conduite; maintenant l'énergie devient mon premier devoir.

« Que la France s'arme et dise résolûment à l'Europe: « Je ne veux pas de conquête, mais je « veux maintenir sans faiblesse ma politique « nationale et traditionnelle; j'observe les traités, « à condition qu'on ne les violera pas contre moi; « je respecte le territoire et les droits des puis-« sances neutres, mais j'avoue hautement ma « sympathie pour un peuple dont l'histoire se « confond avec la nôtre, et qui gémit sous l'op-« pression étrangère. »

« La France a montré sa haine contre l'anarchie; elle a voulu me donner un pouvoir assez fort pour réduire à l'impuissance les fauteurs de désordre et les hommes incorrigibles de ces anciens partis qu'on voit sans cesse pactiser avec nos ennemis; mais elle n'a pas pour cela abdiqué son rôle civilisateur. Ses amis naturels ont toujours été ceux qui veulent l'amélioration de l'humanité; et quand elle tire l'épée, ce n'est point pour dominer, mais pour affranchir.

« Le but de cette guerre est donc de rendre l'Italie à elle-même, et non de la faire changer de maître; et nous aurons à nos frontières un peuple ami qui nous devra son indépendance.

« Nous n'allons pas en Italie fomenter le désordre ni ébranler le pouvoir du saint-père, que nous avons replacé sur son trône, mais le soustraire à cette pression étrangère qui s'appesantit sur toute la Péninsule, contribuer à y fonder l'ordre sur des intérêts légitimes satisfaits.

« Nous allons enfin sur cette terre classique, illustrée par tant de victoires, retrouver les traces de nos pères. Dieu fasse que nous soyons dignes d'eux!

« Je vais bientôt me mettre à la tête de l'armée. Je laisse en France l'impératrice et mon fils. Secondée par l'expérience et les lumières du dernier frère de l'empereur, elle saura se montrer à la hauteur de sa mission.

« Je les confie à la valeur de l'armée qui reste en France, pour veiller sur nos frontières, comme pour protéger le foyer domestique ; je les confie au patriotisme de la garde nationale ; je les confie enfin au peuple entier, qui les entourera de cet amour et de ce dévouement dont je reçois chaque jour tant de preuves.

« Courage donc et union ! Notre pays va encore montrer au monde qu'il n'a pas dégénéré. La Providence bénira nos efforts ; car elle est sainte aux yeux de Dieu, la cause qui s'appuie sur la justice, l'humanité, l'amour de la patrie et de l'indépendance. »

La France n'avait point désiré la guerre ; loin de là ; mais dès que cette guerre fut déclarée, chacun sentit se réveiller au fond de son cœur le sentiment de l'honneur national, l'amour de la gloire, le dévouement au drapeau français. Des milliers de volontaires se présentèrent ; un emprunt de 500 millions, ouvert pour subvenir aux frais de la guerre, monta en quelques jours au chiffre énorme de 2 milliards 307 millions, et toutes les nuances d'opinions se confondirent dans un seul et même vœu : le succès de nos armes.

Le jour même où paraissait la proclamation de l'empereur, les Autrichiens tentaient le passage du Pô, près de Frassinetto; mais l'artillerie piémontaise les forçait d'y renoncer. Plus heureux à Cambio, près de Valenza, ils s'avançaient jusqu'à la petite ville de Sale et paraissaient vouloir se diriger vers Alexandrie ou vers Novi, pour empêcher la communication entre Gênes et Turin, où arrivaient les troupes françaises.

Les Autrichiens avaient passé le Tessin au nombre de cent vingt mille; ne se croyant pas encore assez forts pour se mesurer avec les Français réunis aux Sardes, ils grossirent leur armée de cinquante mille hommes, restés jusque-là aux environs de Pavie, et des troupes venues de la Hongrie et de la Bohême remplacèrent ces derniers en Lombardie.

Le général Giulay fut chargé du gouvernement général de ce royaume, après la démission de l'archiduc Ferdinand-Maximilien, l'empereur ayant jugé nécessaire de réunir les pouvoirs civils et militaires dans une seule main. Le comte de Walmoden fut adjoint au général Giulay, et l'avénement du nouveau pouvoir, dont on connaissait la sévérité, inspira de grandes craintes aux sujets italiens de l'Autriche.

Le roi Victor-Emmanuel quitta Turin le 1er mai, pour prendre le commandement de son armée. Ce prince avait à peine dix-neuf ans lorsqu'il combattit pour la première fois contre les Autrichiens dans les plaines de la Lombardie. Il était avec son père Charles-Albert à la bataille de Novare, où les troupes sardes, écrasées par la formidable armée du maréchal Radetzki, se défendirent avec une valeur héroïque. Cette défaite entraîna l'abdication de Charles-Albert. Victor-Emmanuel, son successeur, fit preuve d'une rare énergie, releva les finances de la Sardaigne, donna une nouvelle activité à son commerce, et se montra si brave, que l'Autriche conclut la paix avec lui le 6 août 1849.

Mais il avait juré de venger son père, et, fort de l'alliance de la France, il se mettait, plein d'ardeur et de confiance, à la tête de ses troupes. On ne pouvait d'abord que suivre les mouvements des Autrichiens, pour tâcher de deviner et de déjouer leurs plans. Le 6 mai, ils occupaient Trino, Pobiello et Tortone; le 8, ils évacuèrent Voghera et laissèrent derrière eux cinquante mille rations de pain et de vin qu'ils avaient exigées. Ils repassèrent le Pô, se fortifièrent sur la Sesia, près de Verceil, firent une reconnaissance du côté de Casale et furent vivement repoussés par les troupes sardes.

Enfin, jusqu'à l'arrivée de l'empereur des Français, les mouvements des ennemis ne furent qu'une suite de marches et de contre-marches, dont il eût été difficile de comprendre le but, et que le général Giulay s'efforça plus tard de justifier, en les rattachant à un plan qui ne put recevoir d'exécution.

Napoléon III quitta Paris le 10 mai, à six heures du soir, pour rejoindre son armée. Le plus vif enthousiasme éclata sur tout le parcours du cortége impérial; chacun voulait voir, chacun saluait de ses vœux et de ses acclamations le prince qui allait partager les fatigues et les dangers de ses braves soldats. Jamais ovation ne fut plus complète ni plus éclatante; les rues étaient pavoisées jusqu'aux mansardes; la foule voulait dételer les chevaux de l'empereur et conduire sa voiture jusqu'à la gare de Lyon ; il s'y opposa ; mais il était vivement ému de ces témoignages de l'affection publique et ne cherchait point à le cacher. Il arriva à Marseille à midi, y fut reçu avec les mêmes acclamations qui avaient salué son départ de Paris, s'embarqua immédiatement sur le yacht impérial *la Reine-Hortense*, y reçut les autorités marseillaises et sortit du port à deux heures.

Le lendemain, vers une heure et demie, il débarquait à Gênes, et faisait aussitôt afficher l'ordre du jour suivant :

« Soldats !

« Je viens me mettre à votre tête pour vous conduire au combat. Nous allons seconder la lutte d'un peuple revendiquant son indépendance, et le soustraire à l'oppression étrangère. C'est une cause sainte qui a les sympathies du monde civilisé.

« Je n'ai pas besoin de stimuler votre ardeur : chaque étape vous rappellera une victoire. Dans la voie Sacrée de l'ancienne Rome, les inscriptions se dressaient sur le marbre, pour rappeler au peuple ses hauts faits; de même, aujourd'hui, en passant par Mondovi, Marengo, Lodi, Castiglione, Arcole, Rivoli, vous marcherez dans une autre voie Sacrée, au milieu de glorieux souvenirs.

« Conservez cette discipline sévère qui est l'honneur de l'armée. Ici, ne l'oubliez pas, il n'y a d'ennemis que ceux qui se battent contre vous. Dans la bataille, demeurez compactes et n'abandonnez pas vos rangs pour courir en avant. Défiez-vous d'un trop grand élan : c'est la seule chose que je redoute.

« Les nouvelles armes de précision ne sont dangereuses que de loin ; elles n'empêcheront pas la baïonnette d'être, comme autrefois, l'arme terrible de l'infanterie française.

« Soldats ! faisons tous notre devoir et mettons en Dieu notre confiance. La patrie attend beaucoup de vous. Déjà, d'un bout de la France à l'autre, retentissent ces paroles d'un heureux augure : « La nouvelle armée d'Italie sera digne « de sa sœur aînée. »

Les troupes arrivées à Gênes y avaient reçu l'accueil le plus amical et le plus empressé; mais rien ne pourrait donner une idée de l'enthousiasme avec lequel l'entrée de l'empereur y fut saluée par toute la population. « Le port et la rade, à une grande distance, étaient littéralement couverts, dit le *Moniteur*, d'embarcations pavoisées, d'où les femmes les plus élégantes jetaient des fleurs à pleines mains sur le passage du canot royal portant l'empereur, le prince de Carignan et leurs états-majors. » Les palais de marbre de Gênes la Superbe et toutes ses maisons avaient arboré des drapeaux et des oriflammes, ornés de devises, en l'honneur de l'alliance des Français et des Italiens; une foule immense remplissait les rues et stationnait aux abords du palais où l'empereur devait se rendre en quittant son yacht.

« Je peindrai mal, écrivait de Gênes, le 12 mai, M. Amédée Achard, le correspondant du *Journal des Débats*, ce spectacle de la rade dont l'immensité semblait effacée sous une flottille de bateaux ornés de banderoles; les navires, séparés en deux masses régulières, laissaient libre une avenue profonde que le cortége impérial a parcourue depuis le môle jusqu'à l'arsenal de la marine militaire. Tous les vaisseaux étaient pavoisés; les drapeaux flottaient dans les hunes et sur les mâts, les voiles blancs des Génoises sur le pont. Toute constellée de bouquets jetés à pleines mains, la rade entière était comme une plaine mouvante.

« Malgré tout ce qu'on raconte, les Italiens ne crient pas beaucoup; ils font pleuvoir les fleurs: c'est leur manière d'applaudir. Si c'est moins bruyant, c'est plus poétique....

« Ce soir, la ville sera illuminée. Des proclamations enthousiastes du maire et du général d'artillerie qui commande à Gênes invitent les habitants à prêter leur concours aux autorités municipales. Déjà la via Nuova, la via Nuovissima, la via Carlo-Felice, la via Balbi, ces grandes artères qui sont au milieu de la ville comme des boulevards ouverts dans un dédale de ruelles, ont vu se dresser des mâts chargés d'oriflammes aux couleurs unies de France et de Sardaigne, et s'allonger des guirlandes de feuillage qui supportent des écussons dorés.

« Mais si la décoration de la ville ne pouvait pas échapper au caractère général et en quelque sorte traditionnel de ces manifestations officielles, ce qui a son originalité, c'est l'aspect de Gênes, subitement transformée en ville de guerre. C'est encore la même physionomie que j'avais remarquée déjà à Marseille, mais plus accusée, plus expressive, plus radicale. Les groupes épais des négociants réunis devant le palais de la Bourse sont à toute heure, que dis-je? à toute minute, rompus et traversés par des bataillons que des bateaux à vapeur haletants jettent sur le quai. Des zouaves, des chasseurs de Vincennes, des grenadiers de la garde, des artilleurs, des dragons, des soldats du train vont et viennent par ces ruelles embrouillées comme un écheveau de soie remué par un jeune chat, avec une désinvolture et une assurance que rien n'étonne. Ils assurent que lorsqu'on a vu les sentiers de la Kabylie et les ravins de la Tchernaïa, on ne peut se perdre nulle part. Ils ont accroché en passant quelques mots de provençal à Marseille ou à Toulon, et ils croient parler italien. L'aplomb supplée à la science....

« Jusqu'à aujourd'hui, pas une amorce française n'a encore été brûlée ; mais le premier choc rappellera ce terrible élan qui a conduit nos soldats sur la tour Malakoff. On avait donné aux zouaves et aux turcos six paquets de cartouches, au moment du départ. A l'arrivée, ces cartouches avaient disparu. Les officiers se fâchent et veulent qu'on les leur présente.

« — Ne vous inquiétez pas, répondent les soldats; on les retrouvera. Laissez-nous faire, on vous en rendra dix pour une à la première bataille.

« Leur point d'honneur est d'aborder l'ennemi à la baïonnette.

« — Nous voulons voir si les Autrichiens ressemblent aux Kabyles, disait un sergent têtu. »

Le 13 mai, Victor-Emmanuel vint visiter son auguste allié, et, après un entretien de quelques heures, il rejoignit son quartier général, qui, d'abord établi à Alexandrie, puis à San-Salvadore, venait d'être transféré à Occimiano. L'empereur ne devait pas non plus séjourner longtemps à Gênes. Le 14 mai, il partit pour Alexandrie, accompagné du maréchal Canrobert et d'une foule de généraux français et sardes. Le roi de Sardaigne y arriva aussi presque aussitôt.

Alexandrie, place très-forte, avait été choisie par l'empereur pour son quartier général, parce qu'elle couvrait Gênes contre toutes les entreprises des Autrichiens, et que Gênes assurait par mer une communication aussi prompte que facile avec la France. Le quartier général du prince Napoléon fut établi à Gênes, et, sauf une brigade de cavalerie, ce corps d'armée, fort de quarante mille hommes, fut entièrement composé de soldats aguerris en Afrique.

La population d'Alexandrie fit à l'empereur une réception non moins enthousiaste que celle des Génois. La joie rayonnait sur tous les visages, la tranquillité rentrait dans tous les cœurs. L'ennemi n'était pas loin, il est vrai; mais en voyant réunies les armées de France et de Sardaigne, chacun sentait que l'heure de la délivrance était proche.

Ces deux armées se groupèrent autour d'Alexandrie; la droite, commandée par les généraux de Mac-Mahon et Baraguey-d'Hilliers, s'allongea vers Gênes, et la gauche, presque toute composée de Piémontais, occupa la rive droite du Pô, entre Valenza et la Dora-Baltea. Les Autrichiens se fortifiaient sur la Sesia et la rive gauche du Pô; ils faisaient des excursions vers Desena, se renforçaient entre Plaisance et Stradella, et cherchaient à occuper Bobbio. Ils avaient perdu un temps précieux dans des attaques insignifiantes, alors que les Sardes, livrés à leurs seules forces, devaient être accablés par les deux cent mille hommes du général Giulay, et ils paraissaient le sentir, maintenant que cent vingt mille Français avaient renforcé l'armée de leurs ennemis; car un certain découragement présidait à leurs manœuvres, et, au lieu de continuer à s'avancer, ils commençaient à abandonner leurs positions.

Les Français, au contraire, étaient animés d'une ardeur impossible à décrire. La fatigue, la chaleur, la pluie, qui, depuis leur arrivée à Gênes, tombait à torrents et qui avait transformé les routes en autant de marais bourbeux, ne pouvaient refroidir leur joyeuse humeur excitée par la perspective des combats. Les Piémontais, animés du désir d'affranchir leur pays, n'étaient pas moins avides de se mesurer sérieusement avec l'ennemi, sur lequel ils avaient eu l'avantage dans des engagements partiels; enfin, un corps de volontaires, fort de six mille hommes, enrôlés sous les ordres de Garibaldi, se portait vers Côme, sur le territoire lombard.

L'empereur déployait à Alexandrie une grande activité; il se rendait compte de toutes les positions et faisait des reconnaissances aux environs de cette forte place, où il avait établi son quartier général.

Le 19 mai, il alla jusqu'à Tortone, ville autrefois fortifiée qui commandait la route d'Alexandrie à Plaisance. Si l'on en croit la tradition, cette ville aurait été fondée par Brennus, lors de la grande invasion des Gaulois dans les belles plaines de l'Italie. Elle fut brûlée par Frédéric Barberousse et soutint plusieurs siéges. Aujourd'hui, elle n'a plus d'autre importance militaire que sa situation sur la Scrivia. Les Autrichiens, en se retirant de Tortone, avaient voulu en faire sauter le pont; mais trop pressés sans doute, ils n'avaient réussi qu'à l'endommager, et lorsque l'empereur y arriva, les traces de la mine avaient presque entièrement disparu, grâce aux efforts des ouvriers français.

Napoléon visita les postes placés près de Tortone, s'informa avec une paternelle sollicitude des besoins des soldats, qu'il trouva tous animés d'une incomparable ardeur. Le lendemain, il se rendit à Casale, place autrefois très-forte, dont la prise assurait, avec celle de Pignerol et de Mantoue, la possession de l'Italie. Ses fortifications furent démolies en 1696, en vertu du traité de

Ryswick; mais le roi de Sardaigne y a fait construire, il y a peu d'années, des ouvrages considérables.

Après une excursion sur la rive gauche du Pô, du côté de Verceil, l'empereur revint à Casale, où il eut une conférence avec Victor-Emmanuel, qui s'y était rendu de son côté. L'entrevue dura près d'une heure, et les deux souverains se séparèrent pour retourner au milieu de leurs armées.

Le même jour, Napoléon sortit encore d'Alexandrie pour aller visiter la plaine de Marengo. Un château a été construit sur l'emplacement même où s'est livrée la bataille, et l'on a réuni dans une des salles de cet édifice les armes trouvées sur le lieu du combat. L'empereur visita ce musée, tout plein de glorieux souvenirs, et se rendit à la chapelle, où il contempla l'immense ossuaire formé des restes des victimes de cette célèbre journée; puis il examina le champ de bataille, reconnut les positions occupées par nos troupes, la marche des Autrichiens, le village de Marengo et la route d'Alexandrie à Plaisance, où Lannes se couvrit de gloire; San-Giuliano, où Desaix trouva la mort en arrêtant la retraite des

Français ; enfin, le point où Kellermann décida de la victoire par la charge célèbre qu'il dirigea contre les ennemis.

Toute cette partie de l'Italie est pleine de grands souvenirs, et nous allons avoir à citer, comme illustré par la première victoire de la campagne de 1859, un nom déjà connu par le succès qu'y remporta le général Lannes, le 9 juin 1800.

II.

Combat de Montebello.

Le 20 mai eut lieu le premier combat sérieux de cette guerre, qui devait être pour les Français et leurs alliés une rapide succession de victoires. Jusque-là, il n'y avait eu que des escarmouches dans lesquelles toutefois l'avantage était resté aux troupes franco-sardes.

Mais le 20, vers midi, une forte colonne autrichienne s'avança sur Casteggio, petite ville qui n'était gardée, ainsi que la position importante de Montebello, que par deux régiments de cavalerie piémontaise. C'était trop peu ; mais on avait cru à la retraite de l'ennemi, et l'on fut surpris de le voir arriver en nombre avec de l'artillerie.

Les Piémontais firent aussitôt prévenir les Français, et la division Forey reçut l'ordre de se porter en avant. Quelle que fût la rapidité de sa marche, elle trouva non-seulement Casteggio occupé par les Autrichiens, mais encore Montebello, où la cavalerie piémontaise n'avait pu se maintenir, malgré d'héroïques efforts.

Le commandant Morelli avait été mortellement blessé et deux cents hommes mis hors de combat; mais, attaquée sur un terrain couvert où elle ne pouvait se déployer, cette brave cavalerie avait dû abandonner Montebello, où l'infanterie autrichienne s'était immédiatement établie.

« Averti à midi et demi, dit le général Forey dans son rapport, qu'une forte colonne autrichienne, avec du canon, avait occupé Casteggio et avait repoussé de Montebello les grand'gardes de cavalerie piémontaise, je me suis porté immédiatement aux avant-postes, sur la route de Montebello, avec deux bataillons du 74e, destinés à relever deux bataillons du 84e cantonnés sur cette route, en avant de Voghera, à hauteur de la Madura.

« Pendant ce temps, le reste de ma division prenait les armes; une batterie d'artillerie (6e du 8e régiment) marchait en tête.

« Arrivé au pont jeté sur le ruisseau dit Fossagazzo, extrême limite de nos avant-postes, je fis mettre en batterie une section d'artillerie, appuyée à droite et à gauche par deux bataillons du 84e, bordant le ruisseau avec leurs tirailleurs.

« Pendant ce temps, l'ennemi avait poussé de Montebello sur Ginestrello, et ayant été informé qu'il se dirigeait sur moi en deux colonnes, l'une par la grand'route, l'autre par la chaussée du chemin de fer, j'ordonnai au bataillon de gauche du 74e de couvrir la chaussée à Cascina-Nuova, et à l'autre bataillon de se porter à droite de la route, en arrière du 84e.

« Ce mouvement était à peine terminé, qu'une vive fusillade s'engageait sur toute la ligne entre nos tirailleurs et ceux de l'ennemi, qui marchait sur nous, soutenant ses tirailleurs par des têtes de colonne débouchant de Ginestrello. L'artillerie ouvrit son feu sur elles avec succès ; l'ennemi y riposta.

« J'ordonnai alors à ma droite de se porter en avant. L'ennemi se retira devant l'élan de nos troupes ; mais, s'apercevant que je n'avais qu'un bataillon à gauche de la route, il dirigea contre lui une forte colonne. Grâce à la vigueur et à la fermeté de ce bataillon, commandé par le colonel Cambriels, et à des charges heureuses de la cavalerie piémontaise, admirablement conduite par le général de Sonnaz, les Autrichiens durent se retirer.

« A ce moment, le général Blanchard, suivi du 98e et d'un bataillon du 91e (les deux autres étaient restés à Oriolo, où ils ont eu un engagement), me rejoignait et recevait l'ordre d'aller relever le bataillon du 74e, chargé de défendre la chaussée du chemin de fer et de s'établir fortement à Cascina-Nuova.

« Rassuré de ce côté, je poussai de nouveau ma droite en avant et m'emparai, non sans une résistance sérieuse, de la position de Ginestrello. Jugeant alors qu'en suivant avec le gros de l'infanterie la ligne des crêtes, et la route avec mon artillerie, protégée par la cavalerie piémontaise, je m'emparerais plus facilement de Montebello, j'organisai ainsi mes attaques sous les ordres du général Beuret :

« Le 17e bataillon de chasseurs, soutenu par le 84e et le 74e, disposés en échelons, s'élança sur la partie sud de Montebello, où l'ennemi s'était fortifié.

« Il s'engagea alors un combat corps à corps dans les rues du village, qu'il fallut enlever maison par maison. C'est pendant ce combat que le général Beuret a été blessé mortellement à mes côtés.

« Après une résistance opiniâtre, les Autrichiens durent céder devant l'élan de nos troupes, et, bien que vigoureusement retranchés dans le cimetière, ils se virent encore arracher à la baïonnette cette dernière position, aux cris mille fois répétés de Vive l'empereur !

« Il était alors six heures et demie ; je jugeai qu'il était prudent de ne pas pousser plus loin le succès de la journée, et j'arrêtai mes troupes derrière le mouvement de terrain sur lequel est situé le cimetière, garnissant la crête avec quatre pièces de canon et de nombreux tirailleurs qui refoulèrent les dernières colonnes autrichiennes dans Casteggio.

« Peu de temps après, je vis les colonnes autrichiennes évacuer Casteggio, en y laissant une arrière-garde, et se retirer par la route de Casatisma.

« Je ne saurais trop me louer de l'entrain de nos troupes dans cette journée ; tous, officiers, sous-officiers et soldats, ont rivalisé d'ardeur. Je n'oublierai pas non plus les officiers de mon état-major, qui m'ont parfaitement secondé. »

La journée de Montebello coûta aux Autrichiens plus de deux mille hommes hors de combat, deux cents prisonniers, parmi lesquels se trouvaient un colonel et plusieurs officiers, enfin quelques caissons d'artillerie. Les Français eurent environ six cents hommes tués ou blessés ; au nombre des premiers on doit compter, outre le général Beuret, le colonel de Bellefonds et le commandant Duchet.

Le général Forey se conduisit dans toute cette affaire avec une intrépidité à laquelle toute sa division se plut à rendre hommage. Seul sur un monticule, d'où il suivait les chances du combat, il y demeura exposé à tous les coups, et ne cessa de donner ses ordres avec un calme héroïque.

La nouvelle de la victoire de Montebello fut accueillie avec enthousiasme par l'armée, à qui elle en promettait de nouvelles, et par les populations, qui y voyaient un gage de délivrance. Chacun s'empressa de porter secours aux blessés, qui furent dirigés vers Alexandrie. Depuis longtemps on préparait de la charpie, et des hôpitaux avaient été disposés pour recevoir les victimes de la guerre. Les dames d'Alexandrie et des environs envoyèrent dans ces hôpitaux des oranges, des sirops, du vin, et beaucoup d'entre elles offrirent leurs soins aux blessés français.

Ceux-ci, pleins de courage et de résignation, ne se plaignaient pas : ils avaient versé leur sang pour l'honneur du drapeau français, et la victoire les consolait. Près d'eux gisaient les Autrichiens restés sur le champ de bataille et transportés à Alexandrie avec les mêmes précautions. Sur ces lits de douleur, il n'y avait plus d'ennemis, mais de braves soldats qui, vainqueurs ou vaincus, se sentaient frères par le courage et par la souffrance. Les Français partageaient généreusement avec les Autrichiens les rafraîchissements envoyés par les dames italiennes; ils priaient les chirurgiens de panser avant eux les plus grièvement blessés, et cette conduite causait à ces pauvres gens un étonnement dont on se rendra facilement compte, si l'on songe qu'ils s'attendaient tous à être fusillés par les vainqueurs.

Parmi ces vaillants soldats qui venaient d'arroser de leur sang les premiers lauriers cueillis dans cette guerre, un grenadier se tenait appuyé au mur de l'hôpital, les mains croisées sur son fusil, la tête basse et le visage contracté. On lui demanda ce qu'il avait.

— C'est que mon camarade, mon pays, est mort, répondit-il.

Quant à lui, il avait quatre blessures, mais il n'y songeait pas.

Un jeune sergent-major avait reçu dix-sept blessures, dont aucune, heureusement, n'était mortelle. L'empereur prit son nom, afin de le récompenser comme il le méritait.

L'empereur voulut visiter le champ de bataille de Montebello. Il félicita hautement le général Forey de sa belle conduite et l'embrassa à la vue des troupes, qui firent retentir l'air d'acclamations enthousiastes. Il ordonna que les prisonniers autrichiens fussent transportés à Marseille, leur fit distribuer de l'argent et recommanda qu'on eût pour eux tous les égards dus au malheur.

Le jour même du combat de Montebello, le général piémontais Cialdini, voulant s'emparer de la tête gauche du pont de Verceil, rompu par les Autrichiens, et protéger la construction d'un autre pont sur la Sesia, mit en mouvement deux colonnes, qui, passant la rivière, se réunirent un peu au delà.

Une de ces colonnes, qui avait passé à gué la Sesia, se rendit à Albano. Elle fut assaillie par un grand nombre d'ennemis embusqués et soutint un combat très-vif près de Villata. Elle les mit en déroute et parvint à s'établir à Borgo-Vercelli, sans avoir perdu beaucoup de monde. L'autre colonne passa la Sesia aux Capucchini-Vecchi (aux Vieux-Capucins), y surprit deux compagnies ennemies et s'y établit. La perte des Piémontais fut très-légère dans ce combat, qui fit beaucoup d'honneur au général Cialdini et qui coûta aux ennemis bon nombre d'hommes tués ou blessés.

Nous reproduisons une lettre adressée à la *Sentinelle du Jura* par un jeune sous-officier de l'armée d'Italie, après le combat de Montebello :

« Hier matin, à onze heures, nous étions au campement, à deux portées de fusil en avant de Voghera, assis en rond autour d'une large marmite où mijotaient, pour le déjeuner de l'escouade, quelques tranches de lard dans beaucoup d'eau ; tout à coup une pétarade de coups de fusil assez vive se fait entendre dans la direction des hauteurs de Casteggio.

« Nous nous levons, il fallait voir avec quelle rapidité ! Nous sautons sur nos armes et nous attendons. Pendant dix minutes, rien; la fusillade continuait, nous apercevions une grande animation dans nos grand'gardes.

« Nous n'étions là que deux compagnies de soutien; ce n'était guère, vous pensez, en cas d'attaque. Notre capitaine allait et venait; les coups de feu paraissaient se rapprocher, et toujours des grand'gardes, rien de Voghera. C'était à n'y rien comprendre.

« Nous écoutions la main crispée sur le canon de nos carabines. Tout à coup le *Qui vive?* des sentinelles avancées se fait entendre, et il est répété par les grand'gardes.

« Un cavalier, lancé au galop, tête nue, couvert de boue et de sang, passe auprès de nous; il portait l'uniforme d'officier de cavalerie sarde. Couché sur les crins de sa bête, il lui labourait les flancs à coups d'éperon; son sabre nu pendait au poignet droit; il nous cria: « Aux armes! les « Autrichiens! » Et il disparut au tournant du chemin.

« Nous voulions partir; quelques-uns s'étaient élancés en avant; le capitaine se jeta au travers de la route, en menaçant de passer son sabre dans le ventre du premier qui bougerait. Et il l'aurait fait! Nous sommes rentrés dans l'ordre.

« Il n'y avait pas cinq minutes que l'officier sarde était passé, nous entendîmes les clairons sonner le rappel au camp, et presque au même instant le général Forey, avec trois aides de camp, passait ventre à terre. Derrière lui, au pas gymnastique, suivait le 17e chasseurs, qui nous rallia, et un quart d'heure après nous nous jetions en tirailleurs le long d'une petite rivière dont le nom m'échappe.

« Notre mission était de protéger l'établissement d'une batterie destinée à battre en brèche la tête de colonne autrichienne. Sur l'indication du lieutenant, mes douze hommes et moi nous nous portâmes derrière un pli de terrain parfaitement commode pour masquer nôtre feu et nous mettre à couvert.

« Nous n'étions pas couchés, le ventre dans la boue, qu'une poignée de Tyroliens, cachés par les arbres de gauche, ouvrent le feu sur nos camarades, beaucoup plus découverts que nous ne l'étions. En moins de temps que je ne mets à vous l'écrire, ils nous avaient couché quinze des nôtres par terre. Cela nous mit en rage, mes hommes et moi; sans nous concerter, sans nous le dire, nous sautons à l'eau et nous courons à la baïonnette sur les trente ou quarante chasseurs que nous apercevions, et derrière lesquels on en apercevait d'autres. Notre exemple entraîne trois compagnies, et bientôt un bataillon du 74e. Mal nous en a pris: accueillis par un feu bien nourri, nous avons dû rétrograder; car nous n'avions plus affaire à quelques centaines de Tyroliens, mais bien à une colonne énorme, forte d'au moins huit mille hommes, qui s'avançait par la chaussée du chemin de fer.

« Nous gênions nos artilleurs : le commandant Lacretelle fit sonner la retraite ; nous frémissions de colère. Heureusement nous ne reculâmes guère; on nous établit près de la Cascina-Nuova, avec ordre de faire feu à volonté, le plus possible.

« Donc, pendant deux heures, debout, à genoux, cachés, allant à droite, courant à gauche, immobiles, nous avons brûlé nos cartouches, les premières! Nous n'étions pas à plus de deux cent cinquante mètres de l'ennemi.

« Les officiers nous retenaient, parce que nous n'étions pas en nombre pour courir *à la four-*

chette! Du reste, c'était le plus prudent: cette fusillade, meurtrière pour les uniformes blancs, ne nous faisait que peu de mal. Nos balles coniques pénétraient toutes dans ces masses profondes; celles des Autrichiens sifflaient à nos oreilles et nous respectaient.

« C'était la première fois que je voyais le feu, et je n'étais pas le seul. Eh bien! j'ai été content de moi. Dame! j'ai salué les premières balles, c'est vrai; mais Henri IV, dit-on, en faisait autant au commencement de chaque bataille. Puis, c'est là un effet physique indépendant de la volonté. Mais ce tribut payé, si vous saviez comme chaque détonation électrise! C'est comme un coup de fouet dans les jambes pour un cheval de course.

« Les projectiles sifflent à vos oreilles, soulèvent la terre autour de vous, tuent l'un, blessent l'autre; c'est à peine si vous y faites quelque attention. Vous êtes gris: l'odeur de la poudre prend à la gorge et monte au cerveau. L'œil s'injecte de sang, le regard est fixe, tendu sur l'ennemi; il y a de toutes les passions dans cette passion terrible qu'éveillent chez un soldat la vue du sang et le bruit du combat.

« Ainsi que je vous le disais plus haut, notre

compagnie n'a pas eu trop à souffrir de cet engagement à la cible. Mon sous-lieutenant, M. B..., a été blessé au moment où il venait de jeter à bas son troisième Autrichien, avec le fusil de mon sergent-major, tué raide de deux balles, l'une à la tête, l'autre au cou.

« Nos artilleurs, pendant ce temps, faisaient merveilles, et leurs boulets perçaient à jour les rangs ennemis, qui ripostaient d'ailleurs en fort bons termes.

« Tout cela finit par où l'on aurait peut-être dû commencer. Le colonel Dumesnil tombe de cheval, blessé ; on l'entoure, on crie : A la baïonnette ! et nous nous jetons à corps perdu sur les Croates.

« Ils nous reçoivent avec fermeté ; cela augmente la rage générale ; le lieutenant F... nous crie : « Mes enfants, avec la crosse ! » Et voilà les crosses en l'air. Le désordre se met dans les rangs ennemis ; nous employons alors la baïonnette, et nous les reconduisons vivement à Montebello.

« Là, c'était bien une autre affaire : ils se retranchaient dans les maisons, ils tiraient par les fenêtres ; il fallait faire la courte échelle pour arriver à eux. J'ai vu le général Beuret, intrépide, se multipliant, bravant les balles, le sabre au poing. Il allait par les rues, donnant ses ordres, actif et calme cependant. Je l'ai encore devant les yeux. Au coin d'une maison cernée par quatorze chasseurs, un capitaine venait d'être frappé; il roule, le général Beuret s'élance vers lui ; on le relève, il retombe. « Il est mort ! » dit-il.

« Le général Forey s'avançait, deux trompettes à ses côtés, derrière lui un officier d'état-major. Notre pauvre général l'aborde ; ils échangent quelques mots, après s'être serré la main. « Tout « va bien ! » disaient-ils. Ils font dix pas. Cinq Tyroliens pourchassés fuyaient devant eux ; soudain ils se retournent, on les serrait de près ; ils tirent.... Le général Beuret lâche les rênes, chancelle, et, soutenu par quelques soldats, rend le dernier soupir.

« On se jette sur les Tyroliens, on les met en pièces; le 84e s'exaspère, il ne fait plus de quartier. L'ennemi commence à battre en retraite; il sacrifie trois cents hommes qui protégent sa fuite par un feu terrible, derrière les retranchements improvisés qu'ils s'étaient faits dans le cimetière.

« Je n'étais pas à cette attaque, qui a été la plus meurtrière de la journée; on nous avait envoyés à la poursuite des fuyards, que nous poussâmes jusqu'à Casteggio. Oh! si nous avions eu de la cavalerie!

« On me dit que les Sardes se sont admirablement conduits. Je le crois; car leurs morts jonchaient le sol, criblés de blessures, mutilés par les baïonnettes autrichiennes.

« J'ai été assez heureux pour mettre la main sur un bambin de dix-sept ans, sous-lieutenant, qui se battait comme un petit tigre. Mon caporal allait lui larder les côtes; j'ai relevé le fusil d'un coup de crosse, et j'ai pris le bonhomme au collet, pour lui éviter d'autres désagréments.

« — Rends-toi donc, moutard! lui criai-je.

« Il me tendit son épée. C'est un cadet de famille, blond, grêle, insolent; je lui ai sauvé la vie, il ne m'a pas seulement remercié. Je n'ai pas une égratignure, merci Dieu! Sauf ma montre d'argent perdue dans la bagarre, et que j'ai remplacée ce matin par le chronomètre en or d'un commandant autrichien, je n'ai pas un cheveu qui manque à l'appel.

« Les prisonniers que nous avons faits (j'en ai

déjà compté plus de quatre-vingts) sont tous hâves, déguenillés, laids à faire peur. Ils étaient contents de tomber dans nos mains, il fallait voir !

« Nous sommes revenus coucher à Montebello le soir même ; j'ai dormi dans une grange comme un bienheureux. Ce qui m'afflige le plus, c'est que ma carabine, mon pantalon et ma pipe sont hors de service.

« L'empereur est venu visiter le champ de bataille et les blessés ; il a embrassé le général Forey et le colonel Cambriels avec effusion, en les remerciant au nom de toute l'armée de cette victoire.

« Voilà tout ce que je sais, Monsieur, tout ce que j'ai vu ; c'est bien peu, et vous serez mieux renseigné que moi ; mais je vous ai promis d'écrire, et je n'ai qu'une parole. Je m'arrête là ; mes deux feuillets sont pleins. Vous trouverez ce papier rose bien coquet ; c'est un cadeau de mon lieutenant, auquel je prête les journaux que vous m'envoyez, et qui a toujours dans son portefeuille de quoi écrire. C'est donc à lui que vous devrez cette lettre, qui partira dans un instant pour le quartier général. »

III.

Les blessés autrichiens. — Passage de la Sesia. — Combat de Palestro. — Belle conduite des zouaves. — Les bersaglieri. — Les volontaires italiens.

Après le combat de Montebello, les imaginations enflammées par ce succès accueillirent comme positive la nouvelle des marches les plus audacieuses. Il y avait une grande agitation parmi les troupes, et les populations répètaient, en y ajoutant encore, des *on-dit* merveilleux. Plusieurs ne furent pas confirmés; mais on apprit de source certaine que, Garibaldi étant entré à Côme, les Autrichiens s'étaient retirés à Camerlata; qu'il les en avait chassés et qu'ils étaient en pleine déroute vers Monza. Victor-Emmanuel fit complimenter cet intrépide général, qui vit son armée s'augmenter d'une foule de volontaires.

L'empereur prit alors une mesure à laquelle tous les amis de l'humanité durent applaudir. Pour diminuer autant que possible les maux que la guerre entraîne avec elle, et donner l'exemple de la suppression des rigueurs qui ne sont pas nécessaires, il décida que tous les prisonniers blessés seraient rendus à l'ennemi sans échange, dès que leur état leur permettrait de retourner dans leur pays.

Les blessés étaient si bien soignés dans nos hospices, si fraternellement traités par nos soldats, que tous ne se réjouirent peut-être pas de cette décision de l'empereur. La terreur qu'ils avaient eue d'abord des Français n'avait pas tardé à se dissiper. Les premiers relevés du champ de bataille avaient cru leur dernière heure arrivée et s'étaient recommandés à Dieu; mais en se voyant pansés avec soin, transportés avec précaution dans les wagons, côte à côte avec nos blessés, qui leur parlaient amicalement, qui les excitaient au courage et à la patience, avec la gaîté que le soldat français conserve toujours, qui leur offraient la gourde ou le pain de munition, leur défiance fit place à l'abandon et à la reconnaissance.

L'empereur fit connaître lui-même aux blessés autrichiens la nouvelle de leur prochaine délivrance; car il voulut, avant de transporter son quartier général à Verceil, visiter encore une fois le grand hôpital d'Alexandrie. Il trouva pour toutes les victimes de la guerre des encouragements et des consolations, et il remercia chaleureusement les chirurgiens sardes, les sœurs de Saint-Vincent de Paul et les dames de la ville, des soins touchants qu'ils avaient prodigués aux blessés.

Napoléon III arriva à Verceil le 30, à quatre heures après midi. Tout y était en mouvement; car le canon grondait à peu de distance. Le roi Victor-Emmanuel, après avoir passé la Sesia avec son armée, marcha sur l'ennemi, retranché à Palestro. Depuis deux jours, les Autrichiens occupaient Robbio avec des forces considérables et ils se fortifiaient à Palestro, sur la rive gauche de la Sesia. Les Piémontais, commandés par leur roi et animés par son exemple, franchirent les tranchées avec une admirable bravoure, attaquèrent l'ennemi à la baïonnette, lui firent perdre beaucoup de monde, lui prirent deux canons, une grande quantité d'armes, et le délogèrent de cette position, qu'il défendait cependant avec opiniâtreté.

Quelques jours auparavant, le général Cialdini avait réussi, par un bonheur étrange, à passer la Sesia avec deux colonnes de troupes sans équipage de pont. Quoique les gués de cette rivière soient profonds et dangereux, les Piémontais n'avaient pas hésité à la traverser, ayant de l'eau jusqu'à la poitrine et tenant leurs fusils en l'air. Leurs munitions étaient mouillées lorsqu'ils arrivèrent sur l'autre rive; mais ils se formèrent aussitôt en bataille et s'élancèrent à la baïonnette sur les Autrichiens, qui ne les attendaient pas. Ils les culbutèrent et les poursuivirent avec tant d'ardeur, que le général Cialdini fut obligé de faire sonner par trois fois la retraite.

Maîtres de la rive gauche, les Piémontais jetèrent sur la Sesia un pont qui servit au passage de l'armée et rendit possible l'attaque de Palestro.

Le 31 mai, les Autrichiens tentèrent de reprendre cette position, à laquelle ils attachaient une grande importance. Le roi et le général Cialdini résistèrent vaillamment pendant six heures; puis ils prirent l'offensive, repoussèrent au loin les Autrichiens, les poursuivirent avec une incomparable ardeur, leur firent mille prisonniers et leur enlevèrent huit pièces de canon. Le soir même, à six heures, l'ennemi revint en force vers Palestro, dont il ne pouvait renoncer à s'emparer; mais il fut encore une fois repoussé avec de grandes pertes.

Le 3e régiment de zouaves prit à ce combat la part la plus glorieuse. Il avait été joint la veille aux troupes du roi et n'a pas tardé à se signaler; depuis assez longtemps il brûlait du désir de se mesurer avec l'ennemi.

Les zouaves étaient paisiblement campés le long de la Bisagno, rivière large, caillouteuse et profonde par places seulement, lorsqu'ils aperçurent sur les hauteurs voisines quelques hussards autrichiens. L'occasion de tirer quelques coups de fusil était bonne, nos braves Africains n'avaient garde de la laisser échapper; mais voilà que tout à coup les boulets ennemis, accompagnés d'une grêle de balles, viennent traverser leurs tentes. Les Autrichiens, masqués par un rideau de peupliers, avaient pu établir sans être vus une batterie sur une colline, de l'autre côté du ruisseau. Une fumée épaisse indique aux officiers français de quel point sont partis les coups ; ils regardent leurs hommes, qui sautent sur leurs fusils.

— Allons! enfants, aux canons! s'écrie le colonel.

Les zouaves n'attendent pas qu'on leur répète cet ordre : ils s'élancent dans la rivière et la traversent en se soutenant; les sacs à cartouches ont pris l'eau, et il ne reste d'autre arme que la baïonnette; mais la baïonnette, c'est l'arme par excellence. Les zouaves franchissent au pas de course un espace de trois cents mètres, escaladent la colline, tombent sur les artilleurs autrichiens, les tuent sur leurs pièces, dont ils s'emparent, et font trois cents prisonniers.

Six zouaves se séparèrent de leurs camarades pour attaquer une pièce de canon qui les prenait en flanc; ils passèrent le ruisseau, ayant de l'eau jusqu'aux aisselles, et de la baïonnette et de la crosse ils frappèrent si rudement, qu'en un clin d'œil ils n'eurent plus d'ennemis à combattre. Tout à coup un obus tombe au milieu d'eux, en tue cinq et blesse le sixième, qui vient raconter la mort de ses généreux compagnons.

Le colonel du 3e régiment de zouaves, M. de

Chabron, fut nommé général en récompense de sa belle conduite dans cette affaire. Les Piémontais se montrèrent dignes de leurs alliés; tous les corps firent vaillamment leur devoir; les bersaglieri entre autres rivalisèrent avec les zouaves, et le roi montra un courage, un sang-froid, un mépris du danger qui inspirèrent à toutes les troupes une réelle admiration. Le colonel de Chabron eut grand'peine à l'empêcher de s'élancer au-devant d'une mort presque certaine, et les zouaves l'applaudirent avec enthousiasme, lorsqu'il passa devant le front du régiment.

Puisque nous avons nommé les bersaglieri, disons un mot de ces vaillants soldats qu'on a surnommés les zouaves de l'armée sarde. Peu de jours avant le combat de Palestro, deux bataillons de chasseurs tyroliens se dirigeaient vers Casale, espérant surprendre ou vaincre les avant-postes et préparer ainsi l'occupation de la place. Les Piémontais faisaient bonne garde : les Tyroliens sont signalés, et l'on envoie à leur rencontre un bataillon de bersaglieri. Ils franchissent le Pô, se munissent de bâtons et gravissent une petite colline. Lorsqu'ils sont presque au sommet, l'un d'eux plante son bâton en terre et le coiffe de son chapeau à plumes; les autres l'imitent, et vont se coucher à l'abri de petits monticules et de plis de terrain propres à les dérober au feu de l'ennemi.

Les Tyroliens avançaient toujours; ils voient de loin ces chapeaux empanachés, font une première décharge, puis une seconde. Les bersaglieri se montrent alors, courent aux Tyroliens, qu'ils prennent en flanc par une vive fusillade, les poursuivent à la baïonnette, et leur font un certain nombre de prisonniers.

L'audace n'est pas moins familière que la ruse aux bersaglieri. Les Autrichiens avaient commencé de jeter un pont sur le Pô; huit de ces braves soldats résolurent d'incendier cet ouvrage, et s'avancèrent sur deux barques du côté de l'ennemi. On les aperçut et l'on fit feu, une barque sombra, et trois de ceux qui la montaient périrent. Trois autres furent blessés; mais les deux bersaglieri qui restaient ne renoncèrent point à leur entreprise; ils parvinrent à arriver sous le pont, à y mettre le feu, et à empêcher ainsi le passage de l'armée ennemie.

Après les deux journées du 30 et du 31 mai, Victor-Emmanuel adressa à ses troupes cette proclamation :

« Soldats !

« Aujourd'hui un nouvel et éclatant fait d'armes a été signalé par une nouvelle victoire. L'ennemi nous a vigoureusement attaqués dans la position de Palestro ; portant de puissantes forces contre notre droite, il voulait empêcher la jonction de nos soldats avec ceux du maréchal Canrobert.

« Le moment était suprême. Notre force était numériquement bien inférieure à celle de l'adversaire. Mais il avait en face de lui les braves troupes de la 4e division, sous les ordres du général Cialdini, et l'incomparable 3e régiment de zouaves, qui, combattant en ce jour avec l'armée sarde, a puissamment contribué à la victoire.

« La lutte a été meurtrière; mais à la fin les troupes alliées ont repoussé l'ennemi, après lui avoir fait subir des pertes très-sérieuses, parmi lesquelles figurent un général et plusieurs officiers. Les prisonniers autrichiens s'élèvent à mille environ; huit canons ont été pris à la baïonnette, cinq par les zouaves, trois par les nôtres.

« Pendant que se livrait le combat de Palestro, le général Fanti, avec un égal succès, repoussait, à la tête des troupes de sa division, une attaque des Autrichiens contre Confienza. Sa Majesté l'empereur, en visitant le champ de bataille, a exprimé les félicitations les mieux senties, et il a apprécié l'immense avantage de cette journée.

« Soldats! persévérez dans votre conduite sublime, et je vous assure que le ciel couronnera votre œuvre si courageusement commencée. »

Le lendemain, la *Gazette piémontaise* publiait ce qui suit :

« Dans une proclamation aux troupes, le roi donne la nouvelle de l'éclatante victoire d'hier, suivie d'un nouveau combat victorieux livré à six heures à Palestro. L'ennemi, revenant à la charge, a été repoussé par la division Cialdini, avec laquelle ont combattu les zouaves et les chevau-légers d'Alexandrie. Il y a bien des faits particuliers dignes de mention. Le roi se jetait au plus fort de la mêlée, et vainement les zouaves couraient au-devant de lui pour l'arrêter. Le général La Marmora a eu un cheval grièvement blessé.

« Le roi trouvant sur le champ de bataille et

consolant deux volontaires mortellement blessés, l'un d'eux lui adressa la parole:

« — Sire, je regrette de mourir à la première bataille.

« Et l'autre lui dit :

« — Sire, délivrez cette pauvre Italie. »

Le même journal annonçait que le 31 mai, un peu après onze heures du matin, l'ennemi, fort de douze cents hommes d'infanterie, d'un escadron de hussards et de quatre canons, avait ouvert le feu contre les avant-postes de Castelletto, sur le Tessin, et l'avait continué pendant deux heures sans faire de mal aux Piémontais, qui les avaient ensuite poursuivis de l'autre côté du fleuve.

Ainsi, dans les petits engagements comme dans les véritables combats, les Autrichiens étaient toujours repoussés. L'attaque si brusque et si heureuse exécutée à Palestro par les zouaves les avait terrifiés, en même temps qu'elle avait inspiré à toute l'armée française une généreuse émulation.

Après la journée du 31 mai, l'empereur transporta son quartier général de Verceil à Novare, où le maréchal Niel était entré presque sans résistance.

« Si vous voulez l'histoire de la conquête de Novare, la voici en quelques mots, dit la correspondance du *Journal des Débats* :

« Le général Niel, chargé de l'occuper avec son corps d'armée, a rencontré hier matin une avant-garde de deux à trois cents hommes qui défendait les bords de la Cogna avec quatre canons. Le 15e bataillon de chasseurs à pied reçoit l'ordre d'enlever la position à la baïonnette. Il court, les canons ne tirent pas, les Autrichiens se débandent, oubliant de les emporter, et le torrent est franchi.

« Plus loin, à Novare, deux canons étaient en batterie à la porte de Milan, sous la garde de trois à quatre cents hommes. A la vue des Français, ceux-ci se décident à faire feu.... une fois, et voilà qu'ils décampent, s'obstinant encore à laisser là leurs deux canons.

« Ça faisait six.

« Un citadin de Novare s'approche alors du général Niel et le prévient que les Autrichiens occupent encore le cimetière, au nombre de trois cents hommes à peu près, avec deux bouches à feu. On part, et, dix minutes après, les deux pièces d'artillerie et les trois cents hommes étaient pris, les uns ne défendant pas les autres.

« Ça faisait en tout huit canons.

« Maintenant on assure que le général Giulay est avec soixante mille hommes dans la position de Mortara. Le maréchal Canrobert opère contre lui avec le roi Victor-Emmanuel.

« Parmi les blessés amenés hier à Verceil se trouvait un jeune homme de vingt-deux ans, qui a fait toutes ses études à Paris, où il a passé six ans. Il se trouvait au combat de Confienza. A la vue des zouaves qui couraient sur eux la baïonnette en avant :

« — Camarades, cria-t-il, ce sont les zouaves, nous sommes perdus !

« Un moment après il tombait, et ses camarades s'apercevaient qu'il avait dit vrai.

« Un officier autrichien, qui dînait hier à la gare du chemin de fer, racontait que le général Jellachich, frappé d'étonnement à l'aspect de ces soldats qui s'élançaient au-devant des boulets, s'était écrié :

« — Mais ce ne sont pas des hommes, ce sont des tigres !

« Et il ajouta à demi-voix : — On me l'avait dit; mais je ne le croyais pas. »

Avant la guerre de Crimée, on connaissait peu les zouaves; ils avaient fait leurs preuves en Afrique, mais leurs exploits journaliers n'avaient pas rendu leur nom populaire. Aujourd'hui, tout le monde sait ce que vaut cet excellent soldat. Il excita d'abord en France une certaine surprise : son large pantalon à l'orientale, ses guêtres montant au-dessus de la cheville, sa veste bleue, liserée de rouge ou de jaune, son turban, ne ressemblaient en rien à l'uniforme de l'infanterie française, et sa physionomie différait aussi de la bonne et rieuse figure de presque tous nos soldats.

Le zouave porte une longue barbe; il a la tête rasée, le cou absolument nu, le teint bronzé par le soleil du désert, l'œil vif, le sourire railleur, et dans toute sa personne respire quelque chose d'aventureux et de hardi. Il n'a pas son pareil pour les coups de main, pour les ruses de guerre, pour les entreprises réputées impossibles. Il a horreur de la vie de garnison, car il n'observe qu'à regret la discipline; mais à la guerre, il est dans son élément; il rit, il chante, il est heureux.

Que le soleil soit brûlant et la terre calcinée, peu lui importe! N'a-t-il pas poursuivi l'Arabe à travers les sables de l'Afrique? Qu'il fasse froid et qu'il pleuve, il fera la grimace; mais il chantera plus fort pour se réchauffer; et vienne l'heure du combat, il ne saura plus s'il a marché, souffert et jeûné.

Mais pour que le zouave jeûne, il faut qu'il ne reste rien, plus rien dans le pays qu'il traverse; le feu y aurait passé, les sauterelles l'auraient ravagé, qu'il y trouverait encore de quoi composer un festin. Il est vrai qu'il s'accommode à peu près de tout, qu'il n'est difficile qu'à ses heures, et qu'il n'entre guère en campagne sans provisions. Il ne craint pas de se charger; quand les autres allégent leur sac, au moment d'entreprendre une longue marche, le zouave remplit le sien, et l'on se ferait difficilement une idée de tout ce que ce sac peut contenir. C'est un véritable bazar où il entasse complaisamment tout ce qui lui tombe sous la main, persuadé qu'un jour ou l'autre chaque chose aura son utilité.

On raconte qu'après le combat de Palestro, un zouave, ayant retiré du canal où il allait se noyer un blessé autrichien, s'occupa de lui donner des soins. D'abord, il fallait que le blessé tout transi changeât de vêtements; le zouave lui fournit un costume de fantaisie, dont la première pièce était une chemise de femme finement brodée et garnie de dentelle.

« L'Arabe est bien rusé, dit le *Journal de la Guerre ;* mais le zouave est plus rusé encore. Il sait se déguiser en touffe d'herbe et s'avancer imperceptiblement jusqu'à la sentinelle qu'il veut surprendre; il peut marcher sans bruit, rester immobile des heures entières, s'effacer dans les moindres replis de terrain, ramper, sauter, bondir, se confondre dans les taillis qui l'environnent, suivre une piste et éventer toutes les ruses. Comme éclaireur, il n'a pas son pareil.

« Faut-il enlever une position, il se précipite en avant, tête baissée, renversant tout sur son passage. Ce n'est plus un homme, c'est un boulet. Une fois lancé, il faut qu'il arrive ou qu'il tombe. »

Le rapport suivant fut adressé de Palestro au ministre de la guerre :

« Vers les neuf heures du matin, le 3e régiment de zouaves venait d'établir son bivouac sur la droite de ce village et sur la rive droite du canal della Cascina, ayant devant lui cet obstacle, lorsque quelques coups de canon, suivis d'une fusillade assez vive, engagée avec des bersaglieri et autres troupes sardes déployées devant le 3e de zouaves en tirailleurs, annoncèrent l'approche de l'ennemi. Le colonel fit prendre les armes à son régiment et le porta à environ cinq cents mètres sur sa droite, du côté où la fusillade était le plus vivement engagée.

« Les Autrichiens, qui avaient pris l'offensive, s'avancèrent rapidement. On fit d'abord déployer quatre compagnies en tirailleurs dans les blés qui couvraient les hommes, et le régiment fut formé eu colonne d'attaque.

« La fusillade s'engagea aussitôt très vivement; en ce moment, le colonel s'aperçut qu'une forte colonne, appuyée par de l'artillerie, cherchait à tourner la position, ainsi que le village même de Palestro.

« Il lança alors tout le régiment contre les masses ennemies.

« Après avoir franchi rapidement le canal qui était en avant d'eux, profond d'un mètre environ, les zouaves abordèrent résolûment l'ennemi à la baïonnette et enlevèrent de suite trois pièces de canon, qui leur avaient fait essuyer un feu meurtrier.

« En voyant les zouaves sur les hauteurs où étaient les pièces, l'ennemi s'enfuit en désordre. Deux autres pièces de canon, qu'il avait en arrière, furent enlevées comme les premières.

« De là la colonne d'attaque s'élança sur le gros de l'ennemi, dans la direction du pont de Confienza, sur la rivière de la Busca.

« Ce pont était fortement défendu par deux pièces d'artillerie.

« Les Autrichiens, qui avaient imprudemment engagé une partie de leurs masses en avant de cette rivière, furent violemment refoulés par le choc impétueux de nos hommes; ils furent presque tous anéantis, dans l'impossibilité où ils s'étaient mis d'effectuer leur retraite.

« Plus de six cents prisonniers restèrent entre nos mains; un grand nombre, que l'on peut évaluer à huit cents, se noyèrent en cherchant à passer la rivière de la Busca. Beaucoup d'autres furent tués sur place.

« Quoïque le pont de la Busca fût obstrué par les deux pièces de canon et par les chevaux attelés à ces pièces (trois étaient tués), le colonel fit passer des hommes sur l'autre rive, et, après en avoir formé une colonne assez forte, il continua son mouvement en avant.

« L'ennemi, soutenu par ses réserves, continua sa retraite en bon ordre, en nous abandonnant encore deux pièces de canon.

« Il fut poursuivi jusqu'à la rivière de Ritzza-Biraza, au village de Robbio.

« Là s'arrêta le mouvement en avant; l'ennemi, déjà éloigné, continuait à effectuer rapidement sa retraite.

« Le 3e de zouaves a pris neuf canons, fait environ sept cents prisonniers, dont neuf officiers. De notre côté, les pertes ont été sensibles : quarante-six tués, dont un capitaine ; deux cent vingt-neuf blessés, dont quinze officiers ; vingt disparus (ces hommes ont roulé dans la rivière de la Ritzza-Biraza, en y précipitant les Autrichiens). »

Un témoin oculaire écrivit à la *Patrie* le récit suivant :

« Le lendemain du combat, les zouaves ont enterré ceux de leurs camarades qui ont succombé. Une vaste fosse, creusée sur une petite éminence, a reçu leurs restes mortels ; puis, lorsqu'ils ont été recouverts par la terre, tous les assistants se sont agenouillés. Après une courte prière, ils ont dit, d'une voix émue et avec l'expression d'un profond sentiment religieux, adieu à leurs frères d'armes. « Camarades, s'est écrié « un sergent, que Dieu vous reçoive! A vous « aujourd'hui, à nous demain!... » Après ces simples et touchantes paroles, tous se sont éloignés pour rentrer dans leurs cantonnements.

« Une heure après, les clairons sonnaient, et, vers le quartier des zouaves, retentissaient les mots, sur l'air des *Lampions*, bien connu des Parisiens: « V'là l'rata! » Ce qui veut dire: Voici l'heure de la soupe.

« Réunis dans l'immense grange d'une ferme, environ quatre cents zouaves faisaient fête aux abondantes provisions de bouche qu'ils savent toujours se procurer en dehors de leur ration d'ordinaire. A la fin du repas, plusieurs d'entre eux racontèrent comment le roi s'était bravement conduit à Palestro, et ils exprimèrent dans leur pittoresque langage, mélangé d'expressions arabes, leur admiration pour le monarque piémontais. Quelques-uns proposèrent de lui envoyer une adresse de félicitations.

« — Qu'est-ce que tu veux qu'il en fasse? observa l'un deux.

« — Comment! répondit un vieux sergent, est-ce que tout un chacun, si haut qu'il soit placé, ne doit pas être fier d'être proclamé brave par les zouzous, les premiers soldats du monde, comme l'a dit l'empereur ?

« — C'est vrai, dirent tous les assistants.

« — Ah!... une idée! s'écria un clairon. Si nous le nommions caporal!

« Cette proposition fut généralement approuvée, et, quelques instants après, le plus ancien des sergents présents prononça ces paroles au milieu du cercle que les zouaves formaient autour de lui :

« Au nom du 3e zouaves, le nommé Emma-
« nuel, roi de Sardaigne, est élevé au grade de
« caporal dans ledit régiment. »

« Il a été, paraîtrait-il, décidé par l'assemblée que cette nomination serait, par un écrit signé de tous ceux qui l'ont faite, portée à la connaissance du roi. »

Après le combat de Palestro, Victor-Emmanuel écrivit au colonel du 3e de zouaves, M. de Chabron :

« Monsieur le colonel,

« L'empereur, en plaçant sous mes ordres le 3e régiment de zouaves, m'a donné un précieux témoignage d'amitié. J'ai pensé que je ne pouvais mieux accueillir cette troupe d'élite qu'en lui fournissant immédiatement l'occasion d'ajouter un nouvel exploit à ceux qui, sur les champs de bataille d'Afrique et de Crimée, ont rendu si redoutable à l'ennemi le nom de zouaves.

« L'élan irrésistible avec lequel votre régiment, monsieur le colonel, a marché hier à l'attaque, a excité toute mon admiration. Se jeter sur l'ennemi à la baïonnette, s'emparer d'une batterie en bravant la mitraille, a été l'affaire de quelques instants.

« Vous devez être fier de commander à de pareils soldats, et ils doivent être heureux d'obéir à un chef tel que vous.

« J'apprécie vivement la pensée qu'ont eue vos zouaves de conduire à mon quartier général les pièces d'artillerie prises aux Autrichiens, et je vous prie de les en remercier de ma part. Je m'empresserai d'envoyer ce beau trophée à Sa Majesté l'empereur, auquel j'ai déjà fait connaître la bravoure incomparable avec laquelle votre régiment s'est battu hier à Palestro et a soutenu mon extrême droite.

« Je serai toujours heureux de voir le 3e régiment de zouaves combattre à côté de mes soldats et cueillir de nouveaux lauriers sur les champs de bataille qui nous attendent.

« Veuillez, monsieur le colonel, faire connaître ces sentiments à vos zouaves.

« VICTOR-EMMANUEL. »

IV.

Marche du général Garibaldi. — Prise de Varèse et de Côme.

Pendant que les armées françaises et sardes se couvraient de gloire à Montebello et à Palestro, Garibaldi opérait en Lombardie la plus utile diversion. Voici quelques détails, empruntés à l'*Illustration*, sur la marche de ce général. Cette correspondance est datée du 29 mai :

« Tout l'intérêt de la situation, Monsieur, se trouve pour l'instant dans la hardie tentative du général Garibaldi, qui, entré en Lombardie avec son corps de chasseurs des Alpes, a battu à deux reprises les Autrichiens, soulevé le pays et commencé sur Milan une marche des plus audacieuses ainsi que des plus inquiétantes pour la retraite de l'armée du général Giulay.

« On était depuis quelques jours sans nouvelles de cet illustre chef, quand on apprit tout à coup que le 24 mai, trompant par une manœuvre habile la surveillance de l'ennemi, il avait réussi à passer le lac Majeur à Sesto-Calende et avait occupé la ville de Varèse, aux acclamations de tous les citoyens, aussitôt accourus pour soutenir son mouvement. Varèse n'était point gardée ; mais le lendemain même, cinq mille Impériaux arrivaient de Côme pour en chasser les soldats de l'indépendance. En peu d'heures, Garibaldi les battait et les poursuivait en désordre jusqu'à Malnate, à deux lieues de Côme. Le 27 au matin, l'intrépide général s'avançait sur Côme, défendue par plus de dix mille Autrichiens. Les chasseurs des Alpes n'atteignaient pas à la moitié de ce chiffre. Une terrible rencontre les vit une seconde fois vainqueurs, avec des pertes énormes pour leurs adversaires. L'ennemi se concentra alors sur la Camerlata, sur une colline dominant la ville, et au pied de laquelle passent le chemin de fer de Monza et celui de Milan, ainsi que les routes postales de ces deux directions. Il pensait, en se plaçant ainsi, à ménager sa retraite et à canonner Côme au besoin.

« Mais l'infatigable Garibaldi, continuant sa marche en avant, tournait presque aussitôt la position, et les Allemands se retiraient au plus vite sur Monza, toujours suivis par le corps italien. Tout en se battant, le général sarde trouvait le moyen de constituer à Varèse et à Côme des autorités nationales, au nom du roi, d'organiser des bataillons de volontaires, de s'emparer des vapeurs du lac de Côme et de couper aux Autrichiens les communications avec la Valteline, dont les montagnes pouvaient toujours lui servir de refuge, s'il était serré de trop près.

« Ces nouvelles, parvenues inopinément à Milan, à Lecco et à Bergame, y ont produit une grande fermentation, ainsi que dans le reste de la Lombardie. Tous les pays où il sera possible de s'insurger ne vont point tarder à le faire, et le général Giulay doit déjà, à l'heure actuelle, avoir détaché de son armée d'invasion des forces imposantes pour prévenir ce danger, important résultat, quand bien même il n'aurait pas d'autre suite, de la présence de Garibaldi sur le sol lombard.

« On ne peut assez s'imaginer l'immense utilité du commandant des chasseurs des Alpes dans la guerre présente. Ses coups aventureux, en déconcertant l'ennemi, en affaiblissant sa résistance, épargneront le sang d'un grand nombre de nos soldats et hâteront singulièrement le terme de la campagne. L'effet moral de son nom sur les Allemands est chose extraordinaire. Leur première demande, en entrant dans les villes ou bourgs piémontais, était infailliblement celle-ci : « Garibaldi être ici ? — Être près d'ici ?... » La présence de ce seul homme vaut contre eux une troisième armée. Et le valeureux chef n'inspire pas moins de confiance à ses propres soldats que de crainte aux oppresseurs de l'Italie. Rien ne peut rendre l'amour, le dévouement sans bornes qu'ont pour lui ces volontaires accourus de toutes parts sous ses drapeaux, presque tous étrangers au métier des armes, et dont en quelques jours il a su faire des héros. »

Un de ces jeunes volontaires écrivait d'Ivrée au journal *la Guerre d'Italie*, quelques jours avant la marche de Garibaldi sur Côme :

« Qui m'a laissé au boulevard, il y a deux mois, aurait quelque peine, je pense, à me reconnaître sous la longue capote grise qui m'enveloppe des pieds à la tête, et, par en haut, m'étreint la moitié de la nuque comme un collet d'incroyable. Ce n'est pas que nous cultivions ici les mœurs du Directoire, je vous en donne ma parole. Combattre pour l'Italie, mourir pour l'Italie, comme dit la chanson des *Girondins* retournée, n'est rien en vérité; faire l'exercice trois fois par jour et être réveillé à deux heures du matin, pour voir s'il n'y a pas alerte, n'est rien encore, bien que ce dernier point, je l'avoue, me laisse un peu à désirer, par le sommeil à poings fermés qui règne ici; mais cirer ses souliers et balayer le quartier, avec toutes sortes d'autres fonctions domestiques dont je t'épargne le détail, voilà qui est plus dur et un peu héroïque. Néanmoins, riches et pauvres s'acquittent de ce devoir de ménage et d'une foule d'autres avec une constance antique. Nous n'avons guère ici que des millionnaires : où en seraient les pauvres, s'il leur fallait faire toute la besogne du quartier?

« J'échappe néanmoins aujourd'hui, pour ma part, à une fraction de la corvée : je ne balaie plus. C'est depuis que l'on m'a promu en dignité et que mon génie militaire, joint à m'a grâce à manier la clarinette de cinq pieds, ma, il y a quinze jours, fait élever par mes chefs aux galons du caporalat. Je n'en resterai pas là, car j'ai de l'ambition, et m'attends à passer tout au moins sergent avant la fin de la campagne.

« On nous exerce tout le jour, moins deux heures, passées à compenser sur le lit de camp le déficit de la nuit, et je t'assure que nous faisons déjà de très-passables soldats. C'est pour nous habituer à être en un clin d'œil prêts à repousser une attaque inopinée de l'ennemi, que l'on nous sonne la Diane à la deuxième heure du jour, lequel ressemble alors diablement à la nuit. On nous fait prendre les armes et courir à nos postes. L'autre nuit, nous eûmes une fausse joie, dont plus d'un n'est pas encore consolé. A nos sonneries se mêlait le grondement sourd du canon; les détonations éclataient fortement dans le silence universel et semblaient se rapprocher. Nous eûmes un instant l'espérance d'une attaque : les fusils dansaient dans nos mains. On nous retint longtemps sous les armes, et puis.... on nous envoya tous coucher.

« Tu ne saurais te figurer le désenchantement causé par ce dénoûment prosaïque. Mon voisin D.... en fut malade. Quant à moi, je l'aurais été, si ce m'était chose possible; mais cette vie à la dure me produit un effet tout à fait extraordinaire, et ce que je redoutais le plus dans cette campagne, la fatigue, me fait un bien prodigieux. Il est positif que je tourne littéralement à l'hercule, et pourtant j'en avais peu l'air, il y a seulement six semaines. Te rappelles-tu ce dîner que nous fîmes ensemble chez Riche, l'avant-veille de mon départ? La chère et les vins, certes, ne ressemblaient guère à notre ordinaire d'Ivrée, et cependant rien ne pouvait exciter ce jour-là ni d'autres mon estomac déjà blasé et capricieux. Aujourd'hui, je ne crains que la faim; je dévore; et si tu savais quoi, tu reculerais d'horreur, toi et tous mes ex-pareils, les sybarites de Tortoni et du club. Pour moi, je ne fais plus que des festins de dieux, et l'affreux et plat petit vin que produisent les roches apennines et alpines m'est une ambroisie. Si tu veux en tâter, allons, viens, je t'invite; cela te vaudra mieux qu'une saison de Vichy ou de Plombières, je t'en réponds. »

Ces jeunes volontaires, qui presque tous avaient, pour se joindre à Garibaldi, renoncé aux douceurs d'une vie oisive et élégante, montrèrent, lorsqu'il fallut agir, une valeur incomparable. Luttant contre des forces supérieures, ils furent partout victorieux, et, sans autre espoir que celui de délivrer l'Italie, ils accomplirent des prodiges. Un habitant de Côme écrivait, le 30 mai, la lettre suivante, reproduite par le *Moniteur* :

« Tu dois être bien inquiet, mon cher frère ! J'ai hâte de te rassurer, de te dire que nous sommes tous vivants et bien portants. Mais par quelles épreuves nous venons de passer ! Nous savions par un journal de Paris, échappé à la vigilance des douaniers, que le Piémont, envahi par le général Giulay, était défendu par deux cent mille des nôtres, rien de plus. Nous étions fort intrigués, depuis quelques jours, des allées et venues de la garnison, fréquemment changée, partant pour une semaine et rentrant ensuite accablée de fatigue, parfois avec du butin et des blessés.

« Le nom de Garibaldi, prononcé à voix basse par les officiers autrichiens, lorsqu'ils causaient entre eux, nous mit sur la voie. C'était lui que les Autrichiens cherchaient ; ce chef de partisans leur causait de vives inquiétudes. Chez le soldat, son nom seul causait une sorte de terreur superstitieuse : on le prétendait invulnérable ; quelques-uns allaient même jusqu'à affirmer que les balles s'aplatissaient sur son front.

« Il y a dix jours, un détachement d'Autrichiens était sorti dès le matin, sans doute pour une reconnaissance; vers les huit heures, nous les vîmes revenir haletants, poudreux, éperdus; plusieurs avaient jeté leurs armes.

« Fermez les portes! » criaient-ils. On les ferma. Les derniers venus, moins agiles, se heurtaient sur le pont-levis du fort, en poussant des cris terribles. On ne leur ouvrit pas; ils se jetaient à genoux, ils se roulaient à terre; on fut insensible.

« La garnison fut sur pied en un clin d'œil; vers dix heures, elle quitta la place Volta pour sortir. Arrivé au fort, toutes réflexions faites, le général n'envoya qu'une forte patrouille. On attendait son retour avec une grande anxiété; elle ne revint que dans l'après-midi, sans avoir vu et ramassé autre chose que les sacs et les fusils de leurs fuyards.

« L'alerte avait été donnée par les éclaireurs, qui avaient cru apercevoir une embuscade ennemie. Ils s'étaient repliés précipitamment sur la colonne en faisant feu; la panique s'était emparée des hommes, et rien n'avait pu les retenir. C'est ainsi qu'ils avaient repris au pas de course le chemin de notre ville.

« Le général a fait passer, le jour même, devant un conseil de guerre le malheureux lieutenant qui commandait le détachement; on l'a fusillé pendant la nuit dans les fossés. On assurait pourtant qu'il avait fait bonne contenance. Je te laisse à penser dans quel émoi était toute la ville.

« Le lendemain, à la suite d'une petite manifestation, des affiches avaient été apposées sur les murs. Elles appelaient aux armes les peuples de la Lombardie, en leur promettant que Garibaldi ne tarderait pas à les soutenir. La police lacéra les proclamations et fit des visites domiciliaires qui durèrent trois jours. Je fus assez heureux pour cacher mes pistolets et mon fusil de chasse, ainsi que les journaux de Genève, que je recevais en contrebande.

« Jeudi, dans la matinée, bien avant le jour, nous fûmes réveillés par un vacarme épouvantable; les soldats parcouraient les rues en s'appelant les uns les autres; le clairon sonnait, les tambours battaient le rappel, l'artillerie ébranlait les rues, les chevaux passaient au galop. Les uns fermaient leurs volets, d'autres ouvraient leurs portes, d'autres descendaient à leurs caves pour s'y préparer un abri; puis tout rentra dans le silence le plus complet, un silence de mort qui s'étendit sur toute la cité. A chaque extrémité de chaque rue, nous aperçûmes en nous levant un factionnaire l'arme au bras, le fusil chargé et amorcé.

« Défense aux habitants d'ouvrir leurs fenêtres et leurs portes; défense de sortir, sous peine de recevoir un coup de fusil.

« Aux premiers rayons du soleil, une canonnade épouvantable éclata du côté de Varèse. Chaque coup retentissait douloureusement dans nos poitrines. Vers dix heures, plus de quarante mulets chargés de blessés arrivèrent au trot. Cette allure extraordinaire, qui à chaque pas arrachait des cris atroces aux malheureux soumis à cette torture, me parut l'indice d'un échec. A midi et demi, les fuyards furent aperçus dans les environs; ils se cachaient; la canonnade ne se faisait entendre qu'à de rares intervalles; la fusillade était très-vive, à en juger par le bruit continuel des détonations affaiblies par la distance.

« Vers trois heures, les coups de feu se rapprochèrent; un escadron de hussards se précipita en désordre sur la Piazza-Nuova ; il essaya de se reformer ; deux ou trois chevaux se cabrèrent ; le désordre était au comble. L'une des bêtes, furieuse, les flancs déchirés par les éperons, se jeta tête basse dans la rue de Milan ; quelques autres suivirent ; ce fut une débandade générale. Un quart d'heure ne s'était pas écoulé, que deux mille hommes, couverts de poussière, de sueur, de sang, et noirs de poudre, débordaient par le faubourg de Varèse, revenant de Borgho-Vico. On voulut les rallier ; la voix des chefs était impuissante ; de nouveaux fuyards se jetèrent au milieu d'eux, et toute cette masse roulante se rua jusqu'à Camerlata.

« A peine le torrent avait-il passé, laissant derrière lui ses blessés, des sacs, des armes, que la grosse cloche de la cathédrale jeta au vent ses notes lugubres ; puis, l'une après l'autre, les églises retentirent d'un glas terrible, qui répétait d'une voix sourde et lente :

Armez-vous donc !
Armez-vous donc !

« Si tu avais vu, mon cher frère, cette ville muette, éveillée comme en sursaut par cette voix si connue ! On n'a pas idée d'un pareil prodige. Les armes cachées sortaient comme par miracle des armoires secrètes; les hommes jaillissaient du sol; ils se répandaient par les rues, et une heure après, dix mille paysans se jetaient au-devant de Garibaldi.

« Il a traversé la ville au galop; je n'ai pu l'apercevoir cette fois, mais j'ai admiré derrière lui ses hommes, ses démons noirs, leur lourde carabine sautant sur l'épaule; ils couraient avec une rapidité que je n'eusse guère attendue d'hommes si fatigués, après six heures de combat.

« La lutte a recommencé à la tête du chemin de fer de Milan. On n'a guère tiré de coups de fusil et la besogne n'a pas été longue. Les Autrichiens ont bien vite lâché pied. A six heures, le général rentrait solennellement avec cinq mille héros. Quel spectacle!

« Je n'ai fait qu'entrevoir Garibaldi. Il est de haute taille, large d'épaules, une tête de lion sur des épaules d'athlète. Sa longue barbe noire, hérissée, inculte, ses yeux brillants qui lancent l'éclair, son chapeau de feutre noir, ruisselant de plumes noires, son manteau écarlate noué autour de son cou, en font un personnage extraordinaire. On m'assure de tous côtés, ici, que c'est un gentilhomme fort poli, très-sévère pour ses hommes, encore plus sévère pour lui-même, sobre à l'excès, exalté et froid en même temps. Il inspire à sa petite armée une confiance qui n'a d'égale que la terreur qu'il inspire aux ennemis. Toujours le premier au combat, poussant son cheval dans les bataillons les plus épais, mettant pied à terre pour saisir un fusil, luttant corps à corps, comme le dernier soldat, il donne l'exemple de la bravoure la plus rare et du sang-froid le plus étonnant.

« On prétend qu'il a harangué ainsi ses troupes, avant de les mener à l'ennemi :

« Mes enfants, vous êtes un contre cinq! De-
« vant vous la mort; derrière, les fusils de vos
« camarades, qui tueront comme un chien le
« premier qui reculera.

« Nous n'avons pas de canons, il faudra en
« prendre. Que nous soyons tués, peu importe!
« Il faut que l'Italie soit libre, voilà votre seule
« récompense! »

« Ces six mille hommes, choisis entre trente mille volontaires que l'Italie lui offrait, ont permis à Garibaldi de faire des prodiges. Cet homme, qui ressemble à un chef de brigands, sera plus qu'un bon général ; ce sera un grand capitaine, si une balle autrichienne ne l'arrête en route.

« Le soir de cette belle journée, nous avons tous illuminé. La ville était en fête. Quelles joies! quelles liesses! Tous ces braves enfants ont été traités comme s'ils eussent été à nous. Ils repartent déjà. Mais Côme est libre, Côme n'est plus autrichienne! Depuis six ans que j'ai quitté la France, je n'ai pas encore éprouvé une émotion pareille. La vue de la patrie m'eût fait moins de bien et de mal à la fois. Libres! comprends-tu? nous sommes libres!... »

Disons, avant d'aller plus loin, que ceux qui ont vu passer Garibaldi noir de poudre et couvert du sang des ennemis lui ont donné une physionomie qu'il n'a pas. Son extérieur est celui d'un gentilhomme, et non d'un chef de bandits des montagnes ; ce qui ne l'empêchait pas, pendant cette guerre, d'exercer un empire absolu sur ses hommes et de jeter, par son nom seul, une terreur extrême au milieu des ennemis.

A peine entré dans Côme, Garibaldi s'occupa d'organiser un nouveau bataillon de volontaires, et il n'eut que l'embarras du choix. Les jeunes gens des plus riches familles briguaient l'honneur de combattre sous ses ordres pour la délivrance de l'Italie ; mais parmi tous ceux qui s'offraient à lui, il ne prenait que d'excellents tireurs. Incapable de s'endormir sur sa victoire, le général sortit de Côme, rentra, après un combat acharné, dans Varèse, qu'il avait fait évacuer par la population, et, revenant ensuite vers Côme, que les Autrichiens voulaient reprendre, il les battit et resta maître de la ville.

Il entra ensuite dans la Valteline, dont tous les habitants s'armèrent, à sa voix, contre les Autrichiens. Sondrio ouvrit ses portes aux volontaires, et l'on vit partout flotter le drapeau italien. Cependant, une attaque dirigée avec beaucoup d'audace contre Laveno, par Garibaldi, ne réussit point, une partie de ses volontaires s'étant égarés pendant la nuit, dont l'obscurité était extrême.

Ce léger échec fut bientôt réparé. Les chasseurs des Alpes avaient des alliés dans tout le pays ; on envoyait à leur chef de l'argent, des munitions et des armes, témoin ce qu'écrivait à la *Suisse* un voyageur qui se rendait à Côme, en compagnie d'une ardente patriote italienne :

« A peine étions-nous entrés, dit-il, sur le territoire lombard, que des gardes bourgeoises, à qui le service militaire est confié depuis la disparition des Autrichiens, se sont approchées de nous. Elles ont salué ma compagne de voyage avec les plus grandes marques de respect, et n'ont pas eu l'air seulement de s'apercevoir de ma présence. Bientôt deux hommes de service ont apporté une énorme caisse clouée très-solidement et qui paraissait fort pesante; ils l'ont hissée sur la voiture, et les chevaux sont repartis au galop dans la direction de Côme.

« Autour de nous, les ravins, les montagnes cachaient des Autrichiens qui n'avaient garde de se montrer. Ils attendent dans cet état de vagabondage le retour de la faveur populaire, qui leur fait complétement défaut en ce moment. — Ils sont là! me dit la matrone, en me désignant les montagnes; mais ne craignez rien, ils nous laisseront passer. D'ailleurs, s'ils nous attaquent, il y a sur la voiture, dans cette caisse que vous avez vue, deux beaux fusils de munition, avec de la poudre et des balles. Vous en prendrez un et moi l'autre.

« Je commençais à dresser l'oreille. Je voyageais décidément avec une patriote. Elle me raconta qu'elle avait toujours eu l'honneur d'être odieuse aux Autrichiens ; qu'en 1853, elle avait fait huit mois de prison, à Mantoue, pour délit politique. L'heure de sa vengeance avait sonné, pensait-elle. Elle avait deux fils, l'un de vingt ans, l'autre de vingt-deux ans. Tous les deux se battaient pour la cause italienne, l'un en Piémont, dans les bersaglieri, l'autre dans les chasseurs des Alpes, sous les ordres de Garibaldi. Ils avaient mission de leur mère de tuer autant d'Autrichiens que possible, en souvenir des huit mois de prison de Mantoue.

« D'après ce que celle-ci me racontait, ils s'en acquittaient fort bien. La caisse qu'elle avait prise à Chiasso était destinée à Garibaldi ; c'était, si je m'y connais, de la contrebande de guerre. S'il avait pris fantaisie aux Autrichiens des montagnes de visiter notre voiture, nous étions fusillés.

« Il était environ six heures du soir, lorsque nous sommes arrivés en vue de Côme. Quelle délicieuse ville ! quel lac ! quel merveilleux paysage ! Comme j'aurais été longtemps en extase devant ces splendeurs imprévues et nouvelles pour moi, si je n'avais pas eu d'autres préoccupations !

« Ma compagne de voyage me montra l'endroit par où les hommes de Garibaldi avaient fait leur première descente à Côme, le 24 mai, au soir. C'est une haute montagne, très-escarpée, qui domine la ville à l'ouest. A sa base, elle a un aspect plus riant; on y voyait des jardins très-élégamment disposés et de jolis palais et maisons de plaisance assises sur le plateau, en face du lac. Les intrépides garibaldiens ont fait irruption par les rochers, comme un vol d'aigles; ils se sont battus dans les jardins, dans les maisons, dans les rues, derrière les murs de clôture; ils fusillaient les Autrichiens qui les attendaient en bas. Ce fut un beau fait d'armes; les habitants de Côme illuminèrent, pour célébrer le départ des Autrichiens.

« Je passai ma soirée à battre la ville, à examiner les garibaldiens, dont je n'avais vu qu'un échantillon très-imparfait à Lugano. Je m'étais trompé en pensant qu'ils avaient tous la même tenue; il y en a beaucoup qui ont la petite jaquette dont étaient revêtus les volontaires arrêtés à Ponte-Tresa; mais plusieurs autres portaient la grande capote de laine bleue des soldats piémontais; quelques-uns n'avaient absolument aucune tenue; mais ils ont tous la mine martiale et l'allure décidée. Leurs officiers ont des uniformes piémontais : tunique verte, courte et pincée à la taille, galons d'argent aux manches et torsades aux épaules, simples ou multiples, pour distinguer les grades. La plupart de ces jeunes gens, soldats ou officiers, marchent dans les rues bras dessus, bras dessous, avec les jeunes gens les plus élégants et les plus distingués de la ville. Ceux-ci avaient tous à leur boutonnière ou à leur chapeau la cocarde aux trois couleurs. Cet ornement est presque obligatoire pour les habitants; les hommes en usent sobrement; mais les femmes en sont couvertes; elles en ont autour du cou en guise de cravate; les broches de leur corsage sont remplacées par des cocardes.

« A l'heure de la retraite, toute la population s'est précipitée à la suite des clairons ; ne sachant rien de mieux à faire, j'ai suivi la foule, et j'ai vu de près, j'ai coudoyé le patriotisme lombard, qui commençait à me gagner aussi. »

Mégard et Cie France et Italie.

Bataille de Magenta.

V.

Combat de Turbigo. — Les turcos. — Bataille de Magenta.

Les Français étaient attendus avec impatience en Lombardie, et il ne leur restait plus, avant d'y pénétrer, qu'une étape à franchir. Le général Niel, chargé de marcher sur Novare, la dernière ville piémontaise qui fût encore au pouvoir de l'ennemi, rencontra, à la tête d'une partie de son corps d'armée, deux ou trois cents hommes qui s'étaient portés vers la Cognia, pour lui disputer le passage de cette petite rivière, peu éloignée de la ville. Il lança contre eux le 5e bataillon de chasseurs, dont l'approche les mit en fuite, et continua sans obstacle sa marche vers Novare. Deux canons placés à la porte Milano furent pris à la baïonnette par les Français, et, après s'être emparés de deux autres pièces d'artillerie dans le cimetière, ils entrèrent dans la ville pendant que les ennemis en sortaient.

« L'armée française, dit un bulletin officiel publié par le *Moniteur*, réunie autour d'Alexandrie, avait devant elle de grands obstacles à vaincre. Si elle marchait sur Plaisance, elle avait à faire le siége de cette place et à s'ouvrir de vive force le passage du Pô, qui, en cet endroit, n'a pas moins de neuf cents mètres de largeur, et cette opération si difficile devait être exécutée en présence d'une armée ennemie de plus de deux cent mille hommes.

« Si l'empereur passait le fleuve à Valence, il trouvait l'ennemi concentré sur la rive gauche à Mortara, et il ne pouvait l'attaquer dans cette position que par des colonnes séparées, manœuvrant au milieu d'un pays coupé de canaux et de rizières. Il y avait donc des deux côtés un obstacle presque insurmontable : l'empereur résolut de le tourner, et il donna le change aux Autrichiens en massant son armée sur la droite et en lui faisant occuper Casteggio et même Bobbio, sur la Trebia.

« Le 31 mai, l'armée reçut l'ordre de marcher par la gauche et franchit le Pô à Casale, dont le pont était resté en notre possession; elle prit aussitôt la route de Vercelli, où le passage de la Sesia fut opéré pour protéger et couvrir notre marche rapide sur Novare. Les efforts de l'armée furent dirigés vers la droite sur Bobbio, et deux combats glorieux pour les troupes sardes, livrés de ce côté, eurent encore pour effet de faire croire à l'ennemi que nous marchions sur Mortara. Mais, pendant ce temps, l'armée française s'était portée vers Novare, et elle y avait pris position sur le même emplacement où, dix ans auparavant, le roi Charles-Albert avait combattu. Là, elle pouvait faire tête à l'ennemi, s'il se présentait.

« Ainsi, cette marche hardie avait été protégée par cent mille hommes campés sur notre flanc droit, en avant de Novare. Dans ces circonstances, c'était donc à la réserve que l'empereur devait confier l'exécution du mouvement qui se faisait en arrière de la ligne de bataille.

« Le 2 juin, une division de la garde impériale fut dirigée vers Turbigo, sur le Tessin, et, n'y trouvant aucune résistance, elle y jeta trois ponts. L'empereur, ayant recueilli des renseignements qui s'accordaient à lui faire connaître que l'ennemi se retirait sur la rive gauche du fleuve, fit passer le Tessin en cet endroit par le corps d'armée du général de Mac-Mahon, suivi le lendemain par une division de l'armée sarde. »

Ce mouvement fut exécuté, et le général de Mac-Mahon en rendit ainsi compte à l'empereur, le 3 juin :

« Sire,

« Ainsi que j'ai eu l'honneur d'en instruire Votre Majesté par un premier rapport que je lui ai adressé ce matin, l'ennemi a fait sauter le pont de San-Martino hier, vers cinq heures du soir, en se retirant sur la rive gauche du Tessin.

« Ce matin, à la pointe du jour, le général Espinasse s'est porté avec une brigade sur la tête de pont que les Autrichiens avaient abandonnée à son approche. Il y a trouvé trois obusiers, deux canons de campagne et plusieurs chariots de munitions.

« D'après les ordres de Votre Majesté, le 2e corps a quitté Novare ce matin, à huit heures et demie, pour se porter sur Turbigo et y franchir le Tessin sur le pont qui y a été jeté la nuit dernière, sous la protection de la division des voltigeurs de la garde impériale.

« Au moment de mon arrivée à Turbigo, j'ai trouvé une brigade de cette division sur la rive droite du Tessin, occupant le village et ses abords de manière à nous assurer la libre possession du pont, et surveillant la vallée en aval du village.

« L'autre brigade de la division Camou était sur la rive droite.

« La tête de colonne de la 1re division du 2e corps franchissait le pont vers une heure et demie. Au moment où, m'étant porté en avant de Turbigo, je reconnaissais le terrain et que je visitais les hauteurs de Robecchetto pour y établir les troupes, je m'aperçus tout à coup que j'avais à quelque cinq cents mètres de moi une colonne autrichienne, qui, paraissant venir de Buffalora, marchait sur Robecchetto, avec l'intention évidente d'occuper ce village.

« Robecchetto se trouve sur la rive gauche du Tessin, à l'est et à deux kilomètres de Turbigo. C'est un village considérable, qui peut être aisément défendu et qu'il serait incontestablement très-utile d'occuper fortement pour un corps ennemi qui viendrait de Milan ou de Magenta, avec l'intention de barrer le passage du Tessin à Turbigo. Ce village est assis sur un vaste plateau horizontal qui domine de quinze à vingt mètres la vallée du Tessin. On y arrive, lorsqu'on sort de Turbigo, par deux chemins praticables à l'artillerie : l'un qui aboutit à l'une de ses rues par la partie sud du village, l'autre par la partie ouest. Le chemin qui vient de Magenta y pénètre par la partie est. C'est ce dernier que suivait la colonne autrichienne.

« J'ordonnai au général de la Motterouge, qui n'avait alors avec lui que le régiment des tirailleurs algériens, ses autres régiments étant encore sur la rive gauche de la rivière, de porter ses trois bataillons de tirailleurs sur Robecchetto, et de les disposer en trois colonnes d'attaque de la manière suivante :

« Le 1er bataillon formant la droite, en colonne par division, précédé de deux compagnies de tirailleurs, destinées à se porter sur le village en l'attaquant par le sud;

« Le 2e bataillon formant la gauche, disposé de la même façon, destiné à pénétrer dans le village en l'attaquant par l'ouest;

« Le 3e bataillon, au centre et un peu en arrière des 1er et 2e, formant un échelon en réserve, prêt à appuyer les deux autres bataillons, était aussi disposé en colonne et précédé des tirailleurs.

« Les trois colonnes, marchant à intervalle de déploiement, devaient, au commandement général, converger sur Robecchetto, et, en y pénétrant par la rue principale qui le traverse de l'ouest à l'est, chercher à le tourner aussi par la partie est, de manière à menacer la retraite de l'ennemi.

« Pendant que le général de la Motterouge se mettait en mesure d'exécuter ces mouvements avec le régiment des tirailleurs algériens, je prenais moi-même les dispositions nécessaires pour faire arriver à lui les autres régiments de sa division. Le 45e de ligne, second régiment de la 1re brigade, recevait l'ordre de marcher dans les traces du régiment des tirailleurs algériens.

« La 2e brigade, composée des 65e et 70e de ligne, recevait un peu plus tard l'ordre de se porter sur le village de Robecchetto par la route de Castano, afin de flanquer l'attaque convergente faite par les tirailleurs algériens.

« Vers deux heures, le général de la Motterouge marchait avec ses trois bataillons sur Robecchetto, suivi d'une batterie de la réserve générale de l'armée, dirigée par le général Auger en personne.

« Les colonnes de tirailleurs algériens, enlevées avec la plus grande vigueur, à la voix du général de la Motterouge et à celle de leur colonel, marchèrent résolûment sur Robecchetto sans faire usage de leur feu.

« Accueillis à l'entrée du village par une très-vive fusillade, nos tirailleurs se précipitèrent tête baissée sur les Autrichiens qui en défendaient les abords. Dans l'intérieur du village seulement, ils firent usage de leur feu, puis aussitôt se précipitèrent à la baïonnette sur tous ceux qui essayaient de résister et de leur barrer le passage. En dix minutes, l'ennemi était délogé du village et en retraite sur la route par laquelle ils étaient venus. A la sortie du village, il voulut user de son artillerie et nous envoya une douzaine de coups à mitraille qui n'arrêtèrent en rien l'élan de nos soldats. Notre artillerie riposta par des coups heureux, qui ébranlèrent tout à fait les colonnes ennemies et les mirent alors dans une déroute complète. Les tirailleurs les poursuivirent au pas de course jusqu'à deux kilomètres en avant de Robecchetto et en tuèrent un grand nombre. Le général Auger, en faisant prendre à la batterie quatre positions successives et très-heureusement choisies, leur fit aussi beaucoup de mal.

« C'est dans une de ces positions que le général Auger, croyant apercevoir dans les blés une pièce autrichienne ayant quelque peine à suivre le mouvement de retraite de l'ennemi, se précipita au galop sur elle et s'en empara. Près de la pièce, gisait à terre le commandant de la batterie, coupé en deux par un de nos boulets.

« Pendant que ceci se passait vers Robecchetto, une tête de colonne de cavalerie autrichienne se présentait sur notre gauche, venant de Castano. Je portai un bataillon du 65e et deux pièces de canon à sa rencontre. Deux boulets suffirent pour la décider à se retirer précipitamment.

« L'ennemi a éprouvé des pertes considérables; le champ de bataille est couvert de ses morts et d'une quantité considérable d'effets de toute nature qu'il a laissés entre nos mains : effets de campement, sacs complets qu'il a jetés sur le lieu du combat pour fuir avec plus d'agilité. Nous avons ramassé des armes, carabines et fusils.

Nous avons fait peu de prisonniers; ce qui s'explique par la nature du terrain sur lequel l'engagement a eu lieu.

« De notre côté, nous avons eu un capitaine tué (M. Vanéechout), quatre officiers blessés, dont un colonel d'état-major (M. de Laveaucoupet), sept soldats tués et trente-huit blessés, parmi lesquels quatre, m'a-t-on dit, des voltigeurs de la garde, qui a eu ses tirailleurs engagés avec l'ennemi en arrière de Robecchetto.

« Je ne puis encore, Sire, donner à Votre Majesté des détails précis sur cette affaire, qui, une fois de plus, depuis notre entrée en campagne, montre tout ce qu'elle peut attendre de nos braves soldats.

« Je n'ai point encore reçu les rapports particuliers qui doivent signaler ceux qui se sont le plus particulièrement distingués. Tous ont fait bravement et dignement leur devoir ; mais je signalerai dès à présent à Votre Majesté le général de la Motterouge, comme ayant fait preuve d'un élan irrésistible; le général Auger, pour le fait que j'ai relaté plus haut, et qui, aux termes de notre législation militaire, mérite une citation à l'ordre général de l'armée ; le colonel de Laveaucoupet, qui, en combattant corps à corps avec les tirailleurs autrichiens, a reçu un coup de baïonnette à la tête; le colonel Laure, des tirailleurs algériens, pour l'impulsion intelligente avec laquelle il a conduit ses bataillons à l'ennemi. »

Cette glorieuse affaire de Turbigo n'était que le prélude de la bataille de Magenta, mais un prélude qui devait donner aux Autrichiens la plus haute opinion de la valeur de notre armée. A Palestro, ils avaient vu les zouaves; à Turbigo, ils firent connaissance avec les tirailleurs algériens, ces noirs turcos non moins redoutables que les zouaves. Depuis quelques jours, les turcos murmuraient de n'avoir pu combattre encore, ils exprimaient sérieusement leur jalousie contre les corps plus favorisés que le leur. Aussi, quand le cri : En avant! se fit entendre, ils se précipitèrent comme des lions sur les colonnes ennemies.

« Ils ne couraient pas, dit un témoin oculaire; les uns rampaient et venaient saisir leur ennemi avant qu'il eût pu faire un mouvement; il y en avait qui bondissaient dans la plaine en poussant des hurlements et tombaient sur les Autrichiens épouvantés, frappant de tous côtés, avec la baïonnette, avec la crosse, sans merci ni quartier. On a vu bientôt une mêlée horrible. La voix du canon était couverte par des clameurs d'une harmonie sauvage, qui n'étaient ni les chants de victoire ni les plaintes des mourants et des blessés. Nos soldats s'excitaient entre eux. Tout ce que la langue de Mahomet renferme d'imprécations retentissait dans cent groupes isolés, où l'on voyait un turco lutter contre trois ou quatre Autrichiens. Aux cris des officiers répondaient le tambour et le clairon, et l'on apercevait d'instant en instant, fuyant au loin, des nuées de soldats ennemis, qui jetaient leurs armes, se dépouillaient de leurs fourniments et roulaient dans des fossés et des ravins, pour échapper à la poursuite de leurs adversaires.

« La lutte terminée, les vainqueurs électrisés se roulaient à terre; et comme si quelque chant de guerre africain, venu de par delà la Méditerranée, eût frappé leurs oreilles, ils exécutaient des danses frénétiques et poussaient des éclats de rire à épouvanter leurs compagnons d'armes. Quelques-uns avaient forcé leurs prisonniers à s'asseoir près d'eux, et, comme le lion qui fascine sa proie, ils contemplaient d'un œil plein de feu les malheureux soldats restés sans défense. D'autres enfin s'étaient couchés, épuisés de fatigue, et cherchaient de nouvelles forces dans le sommeil.

« C'était là un spectacle tout à la fois effrayant et étrange.

« Cependant il ne faut pas oublier que ces hommes, dont le courage revêt dans sa manifestation les formes les plus incroyables, les plus naïves, n'ont cependant, durant la lutte, aucun de ces instincts carnassiers, pour ainsi dire, que la politique de l'ennemi s'est obstinée à leur attribuer. Le turco sait se battre; il se bat loyalement, je dirai même noblement; rarement on en voit tourner son adversaire pour le frapper par derrière. Il saute à la tête, il saute aux jambes, il s'agite, il bondit, il crie, il étourdit enfin l'ennemi; mais jamais il ne le frappe lâchement par surprise. S'il vise à la poitrine, lui aussi a sa poitrine ouverte; s'il frappe avec sa baïonnette, c'est qu'il faut détourner une baïonnette. Il fait prisonnier l'ennemi désarmé, il ne le tue pas (1). »

(1) Correspondance du *Constitutionnel.*

Le jour même de l'affaire de Turbigo, c'est-à-dire le 2 juin, la division Espinasse s'avança sur la route de Novare à Milan jusqu'à Trecate, d'où elle menaça la tête du pont de Buffalora. L'ennemi avait établi des retranchements sur ce point; il les évacua précipitamment et se replia sur la rive gauche du Tessin, en faisant sauter le pont de pierre qui traverse le fleuve en cet endroit. Toutefois, dans sa précipitation, il ne put accomplir entièrement l'œuvre de destruction qu'il méditait; les deux arches du pont s'affaissèrent sur elles-mêmes sans s'écrouler, et le passage, devenu un peu plus difficile, resta néanmoins praticable.

Le corps d'armée du général de Mac-Mahon, renforcé de la division des voltigeurs de la garde impériale, et suivi de toute l'armée du roi de Sardaigne, devait, d'après l'ordre de l'empereur, se porter de Turbigo sur Buffalora, le 4 juin, jour fixé pour la prise de possession définitive de la rive gauche du Tessin. En même temps, la division des grenadiers de la garde impériale devait s'emparer de la tête du pont de Buffalora, sur la rive gauche, et le maréchal Canrobert devait s'avancer sur la rive droite, pour traverser le Tessin sur le même point.

« L'exécution de ce plan d'opérations, dit le *Moniteur*, fut troublée par quelques-uns de ces incidents sur lesquels il faut compter à la guerre. L'armée du roi fut retardée dans son passage de la rivière, et une seule de ses divisions put suivre d'assez loin le corps du général de Mac-Mahon.

« La marche de la division Espinasse souffrit aussi des retards, et, d'un autre côté, lorsque le corps du maréchal Canrobert sortit de Novare pour rejoindre l'empereur, qui s'était porté de sa personne à la tête du pont de Buffalora, ce corps trouva la route tellement encombrée, qu'il ne put arriver que fort tard au Tessin.

« Telle était la situation des choses, et l'empereur attendait, non sans anxiété, le signal de l'arrivée du corps du général de Mac-Mahon à Buffalora, lorsque, vers les deux heures, il entendit de ce côté une fusillade et une canonnade très-vives : le général arrivait.

« C'était le moment de le soutenir en marchant vers Magenta. L'empereur lança aussitôt la brigade Wimpffen contre les positions formidables occupées par les Autrichiens en avant du pont ; la brigade Cler suivit le mouvement. Les hauteurs qui bordent le Naviglio (grand canal) et le village de Buffalora furent promptement emportées par l'élan de nos troupes; mais elles se trouvèrent alors en face de masses considérables, qu'elles ne purent enfoncer et qui arrêtèrent leurs progrès.

« Cependant le corps d'armée du maréchal Canrobert ne se montrait point, et, d'un autre côté, la canonnade et la fusillade qui avaient signalé l'arrivée du général de Mac-Mahon avaient complétement cessé. La colonne du général avait-elle été repoussée, et la division des grenadiers de la garde allait-elle avoir à soutenir à elle seule tout l'effort de l'ennemi?

« C'est ici le moment d'expliquer la manœuvre que les Autrichiens avaient faite. Lorsqu'ils eurent appris, dans la nuit du 2 juin, que l'armée française avait surpris le passage du Tessin à Turbigo, ils avaient fait repasser rapidement ce fleuve, à Vigevano, par trois de leurs corps d'armée, qui brûlèrent les ponts derrière eux. Le 4 au matin, ils étaient devant l'empereur, au nombre de cent vingt-cinq mille hommes, et c'est contre ces forces si disproportionnées que la division des grenadiers de la garde, avec laquelle se trouvait l'empereur, avait seule à lutter.

« Dans cette circonstance, critique, le général Regnaud de Saint-Jean-d'Angély fit preuve de la plus grande énergie, ainsi que les généraux qui commandaient sous ses ordres. Le général de division Mellinet eut deux chevaux tués sous lui; le général Cler tomba mortellement frappé; le général Wimpffen fut blessé à la tête; les commandants Desmé et Maudhuy, des grenadiers de la garde, furent tués; les zouaves perdirent deux cents hommes, et les grenadiers subirent des pertes non moins considérables.

« Enfin, après une longue attente de quatre heures, pendant laquelle la division Mellinet soutint sans reculer les attaques de l'ennemi, la brigade Picard, le maréchal Canrobert en tête, arriva sur le lieu du combat. Peu après parut la division Vinoy, du corps du général Niel, que l'empereur avait fait appeler; puis enfin, les divisions Renault et Trochu, du corps du maréchal Canrobert.

« En même temps, le canon du général de Mac-Mahon se faisait de nouveau entendre dans le lointain. Le corps du général, retardé dans sa marche et moins nombreux qu'il n'aurait dû l'être, s'était avancé en deux colonnes sur Magenta et Buffalora.

« L'ennemi ayant voulu se porter entre ces deux colonnes pour les couper, le général de Mac-Mahon avait rallié celle de droite sur celle de gauche vers Magenta, et c'est ce qui explique comment le feu avait cessé, dès le début de l'action, du côté de Buffalora.

« En effet, les Autrichiens, se voyant pressés sur leur front et sur leur gauche, avaient évacué le village de Buffalora et porté la plus grande partie de leurs forces contre le général de Mac-Mahon, en avant de Magenta. Le 45e de ligne s'élança avec intrépidité à l'attaque de la ferme de Cascina-Nuova, qui précède le village et qui était défendue par deux régiments hongrois; quinze cents hommes de l'ennemi y déposèrent les armes, et le drapeau fut enlevé sur le cadavre du colonel.

« Cependant la division de la Motterouge se trouvait pressée par des forces considérables, qui menaçaient de la séparer de la division Espinasse. Le général de Mac-Mahon avait disposé en seconde ligne les treize bataillons des voltigeurs de la garde, sous le commandement du brave général

Camou, qui, se portant en première ligne, soutint au centre les efforts de l'ennemi et permit aux divisions de la Motterouge et Espinasse de reprendre vigoureusement l'offensive.

« Dans ce moment d'attaque générale, le général Auger, commandant l'artillerie du 2e corps, fit mettre en batterie, sur la chaussée du chemin de fer, quarante bouches à feu, qui, prenant en flanc et d'écharpe les Autrichiens défilant en grand désordre, en firent un carnage affreux.

« A Magenta le combat fut terrible. L'ennemi défendit ce village avec acharnement. On sentait de part et d'autre que c'était là la clef de la position. Nos troupes s'en emparèrent, maison par maison, en faisant subir aux Autrichiens des pertes énormes. Plus de dix mille des leurs furent mis hors de combat, et le général de Mac-Mahon leur fit environ cinq mille prisonniers, parmi lesquels un régiment tout entier, le 2e chasseurs à pied, commandé par le colonel Hauser. Mais le corps du général eut lui-même beaucoup à souffrir; quinze cents hommes furent tués ou blessés. A l'attaque du village, le général Espinasse et son officier d'ordonnance, le lieutenant Froidefond, étaient tombés frappés à mort. Comme lui, à la tête de leurs troupes, étaient tombés les colonels Drouhot, du 65e de ligne, et de Chabrière, du 2e régiment étranger.

« D'un autre côté, les divisions Vinoy et Renault faisaient des prodiges de valeur, sous les ordres du maréchal Canrobert et du général Niel. La division Vinoy, partie de Novare dès le matin, arrivait à peine à Trecate, où elle devait bivouaquer, quand elle fut appelée par l'empereur. Elle marcha au pas de course jusqu'à Ponte di Magenta, en chassant l'ennemi des positions qu'il occupait, et en lui faisant plus de mille prisonniers; mais, engagée avec des forces supérieures, elle eut à subir beaucoup de pertes : onze officiers furent tués et cinquante blessés; six cent cinquante sous-officiers et soldats furent mis hors de combat. Le 85e de ligne eut surtout à souffrir; le commandant Delort, de ce régiment, se fit bravement tuer à la tête de son bataillon, et les autres officiers supérieurs furent blessés. Le général Martimprey fut atteint d'un coup de feu en conduisant sa brigade.

« Les troupes du maréchal Canrobert firent aussi des pertes regrettables. Le colonel de Senneville, son chef d'état-major, fut tué à ses côtés;

le colonel Charlier, du 90e, fut mortellement atteint de cinq coups de feu, et plusieurs officiers de la division Renault furent mis hors de combat, pendant que le village de Ponte di Magenta était pris et repris sept fois de suite.

« Enfin, vers huit heures et demie du soir, l'armée française restait maîtresse du champ de bataille, et l'ennemi se retirait en laissant entre nos mains quatre canons, dont un pris par les grenadiers de la garde, deux drapeaux et sept mille prisonniers. On peut évaluer à vingt mille environ le nombre des Autrichiens mis hors de combat. On a trouvé sur le champ de bataille douze mille fusils et trente mille sacs.

« Les corps autrichiens qui ont combattu contre nous sont ceux de Klam-Gallas, Zobel, Schwarzenberg et Lichtenstein. Le feld-maréchal Giulay commandait en chef.

« Ainsi, cinq jours après le départ d'Alexandrie, l'armée alliée avait livré trois combats, gagné une bataille, débarrassé le Piémont des Autrichiens et ouvert les portes de Milan. Depuis le combat de Montebello, l'armée autrichienne a perdu vingt-cinq mille hommes tués ou blessés, dix mille prisonniers et dix-sept canons. »

VI.

Détails sur la victoire de Magenta.

La nouvelle de la victoire de Magenta fut accueillie en France avec un enthousiasme impossible à décrire. Le dimanche 5 juin, la dépêche télégraphique suivante fut affichée partout et saluée par les acclamations de la joie populaire:

« Une grande victoire! Cinq mille prisonniers; quinze mille ennemis tués ou blessés. A plus tard les détails. »

Presque aussitôt, une seconde dépêche a suivi celle-là:

« Hier 4 juin, l'armée devait se diriger sur Milan, en passant sur les ponts jetés à Turbigo, et non sur le pont de Magenta; l'opération s'est bien exécutée; mais l'ennemi, qui avait passé le Tessin en grand nombre, nous a opposé la plus vive résistance. Les débouchés étaient étroits; la garde impériale a soutenu le choc à elle seule pendant deux heures. Pendant ce temps, le général de Mac-Mahon s'emparait de Magenta. Après des combats sanglants, nous avons partout culbuté l'ennemi.

« Nous avons eu environ deux mille hommes hors de combat. On estime la perte de l'ennemi à quinze mille hommes tués ou blessés. Cinq mille hommes sont restés entre nos mains. »

Une troisième dépêche, datée du même jour, à quatre heures du soir, donnait ces derniers détails:

« Voici le résumé connu de la bataille de Magenta: sept mille prisonniers au moins; vingt mille Autrichiens mis hors de combat; trois canons; deux drapeaux. Aujourd'hui l'armée se repose et s'organise. Nos pertes sont d'environ trois mille hommes tués ou blessés, et un canon pris par l'ennemi. »

Partout le son des cloches ou des salves d'artillerie annoncèrent la victoire, et des illuminations la célébrèrent. A Paris, l'impératrice parcourut en calèche découverte les boulevards dont chaque maison était brillamment éclairée et pavoisée, et sur son passage éclatèrent des cris enthousiastes.

Le lendemain, 6 juin, on apprit que Milan s'était insurgé; que les Autrichiens avaient évacué la ville et le château, laissant, dans leur précipitation, des canons et douze mille fusils.

Le mardi 7, un *Te Deum* solennel fut chanté à Notre-Dame de Paris, à une heure après midi, en présence de l'impératrice et des grands corps de l'Etat. L'église avait été magnifiquement décorée pour cette cérémonie. L'entrée du portail, les piliers de la grande nef et l'autel étaient tendus de velours rouge garni de franges d'or. Des faisceaux de drapeaux ornaient les colonnes du chœur et entouraient l'autel, au-dessus duquel se voyaient les armoiries impériales. En face de l'autel, une riche estrade surmontée d'un dais avait été préparée pour l'impératrice; de chaque côté s'étendaient les tribunes réservées aux grands officiers de la couronne, aux ministres, aux maréchaux de France, aux fonctionnaires éminents; enfin, dans le milieu de l'église, des banquettes avaient été disposées pour recevoir les membres du sénat, du corps législatif, du conseil d'État, les officiers supérieurs des armées de terre et de mer, la cour de cassation, la cour des comptes, les membres de l'Institut, la cour impériale, le conseil supérieur de l'instruction publique, les maires de Paris et du département de la Seine, etc.

Le canon des Invalides annonça, à une heure moins un quart, le départ de l'impératrice des Tuileries. Un escadron de la garde de Paris ouvrait la marche; trois voitures de la maison du prince Jérôme, contenant ses aides de camp et ses officiers d'ordonnance, venaient ensuite; puis cinq voitures de la cour, occupées par les dames d'honneur de l'impératrice, les chambellans, les officiers de service, le maître des cérémonies.

La princesse Marie-Clotilde Napoléon et la princesse Mathilde se trouvaient dans la sixième voiture, escortée par un détachement de la garde de Paris; enfin, dans la septième voiture, précédée par un détachement des chasseurs de la garde impériale, était l'impératrice, ayant à sa gauche le prince Jérôme.

Le cortége, fermé par des dragons de la garde, des dragons de la ligne et des lanciers, se rendit à Notre-Dame, en traversant des places et des rues pavoisées et remplies d'une foule immense, qui faisait retentir l'air de vivat et d'acclamations. Sa Majesté, reçue sous le portail par le chapitre métropolitain, en l'absence de l'archevêque de Paris, a pris place sur l'estrade, avec le prince Jérôme, la princesse Clotilde et la princesse Mathilde, et le chant d'actions de grâces a commencé.

La cérémonie terminée, l'impératrice a regagné les Tuileries au milieu des mêmes témoignages de l'allégresse publique; un seul sentiment faisait battre tous les cœurs, un seul orgueil rayonnait sur tous les fronts; chacun faisait des vœux pour que cette éclatante victoire fût suivie de succès non moins brillants; chacun se sentait fier d'être Français.

Le ministre de l'instruction publique et des cultes invita tous les archevêques et évêques de l'empire à remercier Dieu, dont la main puissante avait visiblement béni nos drapeaux; en conséquence le *Te Deum* fut solennellement chanté dans les villes et dans les campagnes, à la grande joie des populations. Parmi les Français, beaucoup avaient dit d'abord : « Que nous fait l'Italie? Pourquoi épouserions-nous ses querelles? » Mais depuis que la guerre était commencée, depuis que le généreux sang de nos soldats avait coulé sur le champ de bataille, depuis que notre drapeau était sorti victorieux d'une lutte terrible, tout sentiment d'égoïsme avait disparu.

On était avide de détails; on se transmettait les lettres arrivées d'Italie, et les journaux s'empressaient de reproduire celles qui pouvaient satisfaire une si légitime curiosité. En voici une que nous empruntons à la *Sentinelle du Jura* :

« L'affaire d'avant-hier a été terrible; quand on n'a jamais assisté à un pareil spectacle, on n'est qu'un enfant. Moi-même, qui avais reçu le baptême du feu à Voghera, et qui me croyais bien aguerri, vous le dirai-je? eh bien! j'ai senti mon cœur sauter dans ma poitrine, comme s'il eût voulu en sortir. Ce n'était pas de la peur, car je ne songeais même plus à saluer les balles au passage; c'était une émotion extraordinaire que je ne puis définir. Je songeais à mon pays, au drapeau qui flottait au-dessus de ma tête, à la croix d'honneur que mon commandant m'a promise à la première action d'éclat; le sang courait dans mes veines plus rapide que d'habitude.

Toutes ces sensations se succédaient avec la rapidité de l'éclair, et lorsque nous nous élançâmes en avant, je ne pensais plus qu'à me battre.

« Je vais reprendre les événements à ma dernière lettre, pour bien vous expliquer ce que nous avons fait. Après le combat de Montebello, qui n'était qu'un jeu d'enfant en comparaison de celui de Magenta, nous avons occupé les hauteurs de Casteggio ; puis, un soir, on nous a avertis de filer sans bruit, en tournant le dos aux Autrichiens. Ma division s'est mise en marche à trois heures du matin, et, après une série d'évolutions, de mouvements en avant, de conversions par le flanc droit, de conversions par le flanc gauche, de déploiements en tirailleurs le long du Pô, nous avons reçu tout à coup l'ordre de nous porter sur le chemin de fer, qui nous a menés à Casale. Je ne suis pas stratégiste ; mais il me semble que cette manœuvre, destinée à tromper les Autrichiens sur la véritable position du gros de l'armée, est un chef-d'œuvre d'habileté, bien qu'elle n'ait pas réussi complétement, puisque la garde s'est trouvée isolée, ayant à combattre un contre sept des ennemis acharnés. De Casale, on nous a fait faire une marche forcée dans la direction de Verceil, que nous avons tourné en le laissant à notre droite, ainsi que Novare, où nous ne sommes pas entrés, à notre grand regret.

« Nous étions épuisés de fatigue : depuis deux jours, on n'avait fait qu'une distribution de lard, pour aider la digestion du biscuit ; nous faisions la grande halte dans un hameau où les habits blancs n'avaient pas laissé un oignon ; les anciens grommelaient : « Plus de vin ! plus de tabac ! » Moi, je consolais mes conscrits en leur disant que nous pouvions compter sur l'empereur.

« Tout à coup nous entendons une mousqueterie bien nourrie dans la direction du fleuve ; le canon s'en mêle bientôt ; nous nous dressons. Plus de faim, plus de fatigue ! Il n'y avait là que des hommes demandant à grands cris de courir aux Autrichiens, les mêmes qui, vingt minutes auparavant, se plaignaient de la marche !

« Le colonel nous forme en bataille ; il envoie l'adjudant-major du premier bataillon prendre les ordres du général de Mac-Mahon, et l'avertir de notre présence. Il se passe bien deux grosses heures ; l'impatience faisait ruisseler la sueur sur tous les fronts. C'était un vendredi, nous ne devions pas avoir de chance ; le général envoie un officier d'ordonnance nous dire qu'il se passerait de nous pour ce jour-là.

« Un tonnerre de jurons éclata sur toute la ligne.

« — Ne grognez pas, vieilles *brisques!* crie le colonel en passant devant les grenadiers, il y en aura demain pour tout le monde.

« Il ne se doutait pas, le brave et digne soldat, qu'il y en aurait aussi pour lui, et trop! Ceci se passait le 3 au matin; nous enrageâmes tout le jour à entendre la musique des canons; le soir, on nous fit reprendre l'étape. Nous n'eûmes pas loin à aller pour trouver ce fameux Tessin. Les bords étaient couverts de cadavres autrichiens; le flot les roulait sur la rive droite; nous passâmes rapidement.

« Au point du jour, le 4, nous avions pris position sur les hauteurs qui dominent Robecchetto, le malheureux village enlevé aux Autrichiens la veille. Nous eûmes des vivres frais. A peine avions-nous pris la soupe, que le canon tonna sur toute la ligne. Nous partîmes en bon ordre, le fusil sur l'épaule. On nous cacha derrière un monticule. Le feu devint plus vif, l'ennemi paraissait se rapprocher. Le commandant reçut du colonel un billet au crayon ; il nous lança en tirailleurs dans les blés, si hauts, que nous avions à peine besoin de nous baisser. Nous nous éparpillâmes en tirant plus de cinq coups à la minute ; nous faisions l'effet d'une division. L'ennemi parut le croire ; il envoya une batterie, dont les boulets sillonnèrent les épis drus et serrés où nous nous abritions. Cela ne nous fit pas grand mal ; la mitraille, lorsqu'il vit notre petit nombre, nous blessa au contraire beaucoup de monde.

« Nous étions à quatre cents mètres des pièces. Le commandant nous forma en pelotons ; nous tournâmes la hauteur au pas de course. Nous espérions surprendre les artilleurs, ils nous aperçurent à mi-chemin. Heureusement notre élan les effraya ; ils tirèrent précipitamment les six coups chargés à mitraille et voulurent partir au galop ; mais l'une des pièces roula sur les chevaux, en tua un et resta étendue à terre, l'affût en l'air ; une autre vint se briser sur la première ; nous arrivâmes vingt-sept pour nous en emparer. Les quinze artilleurs nous reçurent à coups de carabine ; un demi-escadron de hussards noirs, qui se trouvait par derrière en soutien, arrivait au galop, le sabre au poing; le temps pressait. Nous nous jetâmes en désespérés sur les artilleurs; ce ne fut pas long. Un seul s'est rendu; les autres sont morts, une baïonnette dans le corps. Les hussards fondirent sur nous et nous enveloppèrent; un caporal alsacien nous sauva: haut de sept pieds, large à l'avenant, ce colosse, qui dans les revues dépassait le chef de bataillon à cheval, saisit l'écouvillon du canon renversé, le prit à deux mains, et, frappant de toute sa force herculéenne à droite, à gauche, sur les chevaux et sur les hommes, il jeta un désordre épouvantable parmi eux; mon capitaine arriva pendant ce temps avec trente voltigeurs; nous poussâmes à la fourchette, et ils laissèrent vingt-trois des leurs sur le terrain, sans compter les deux pièces. Quant à nous, nous n'étions plus que douze. J'ai eu deux de mes caporaux et un sergent tués près de moi. La balle d'un hussard m'a enlevé mon épaulette gauche; j'en ai été quitte à bon compte.

« L'ennemi arrivait en colonne serrée, nous nous repliâmes; je me trouvai, je ne sais comment, avec le second bataillon; j'avais perdu ma ligne de bataille, on me défendit de rejoindre. On nous massa en colonne. Douze bouches à feu vinrent s'établir à notre droite; elles ouvrirent un feu terrible; une file entière, que je touchais coude à coude, disparut broyée sous le projectile de fer. Cela ne dura pas; trois petites pièces de quatre, nouveau modèle rayé, furent placées au flanc de la colonne et ripostèrent. L'une après l'autre les pièces autrichiennes se turent. Nous avons su plus tard que nos pointeurs en avaient mis huit hors d'usage.

« Ce jeu ne nous plaisait guère, pourtant ! Nous piétinions sur place; le cri: « En avant! » se fit entendre au moment où une décharge de mitraille, venue je ne sais d'où, nous aveuglait de poussière et d'éclats de pierres.

« Nous partîmes comme un torrent. C'est alors que je fus remué jusqu'au fond des entrailles. Le vent chassait la fumée des détonations, et dans les rapides éclaircies nous apercevions une ligne blanche, impassible sous le feu de nos batteries, serrant ses rangs pour fermer les vides creusés par nos boulets.

« C'était cette masse géante que nous allions entamer à la baïonnette. Trois décharges terribles nous accueillirent; morts et blessés roulaient en rugissant sur le sol; nous sautions le cadavre, nous enjambions le corps étendu et nous courions toujours.

« A notre approche, un long frémissement courut dans cette ligne ; il y eut comme un roulis ; la vague humaine recula, avança pour reculer ensuite. Nous arrivâmes la crosse haute ; déjà le désordre était dans les rangs. Ils se reformèrent pourtant ; ils revinrent à la charge et nous repoussèrent dix pas en arrière. Un mot nous releva. « Eh! soldats, le régiment recule! » En deux bonds nous les avions refoulés. Ils revinrent encore sur nous en tirant; mais inutile!

« Nous ne ripostions pas. La baïonnette! rien que la baïonnette! Quelle terreur à ce mot! Ils le comprenaient. Ces sabres recourbés au bout de nos carabines leur inspiraient une frayeur indicible; et cependant, ce sont de braves soldats, et il y a de la gloire à les culbuter. L'artillerie éclatait devant, par côtés, derrière nous; les ennemis et les nôtres étaient également atteints; la mêlée était horrible, la confusion à son comble. Comment faire des prisonniers? On ne demandait pas de grâce, on n'en faisait pas. Dire ce que tout ce combat a duré est impossible: dix minutes ou deux heures, je ne le sais pas.

« Il y aurait mille incidents à raconter, et une lettre n'y suffirait pas. Enfin, que vous dirai-je ? Je ne sais rien de plus, sinon que je me suis battu jusqu'au soir; c'est une des dernières balles qui a frappé mon mollet, je suis tombé sur le coup. Heureusement l'os est sauf; il y aura huit jours de charpie à mettre, et tout sera dit. »

Citons encore une lettre d'un jeune officier à sa mère, après la bataille de Magenta :

« Rends grâce à Dieu, bonne et tendre mère, je suis sain et sauf, et je voudrais que ma lettre pût arriver jusqu'à toi avant la nouvelle de la victoire; car je sais quelles angoisses t'oppresseront jusqu'à ce que tu l'aies reçue. C'est une grande victoire et une belle bataille, je t'en réponds. Les Autrichiens se sont noblement défendus, et nous pouvons être fiers de les avoir vaincus.

« Nous étions encore à Novare à neuf heures du matin; tout à coup l'ordre du départ arrive; en un instant nous sommes prêts. Une vive fusillade était engagée du côté de Buffalora; trois régiments de grenadiers et les zouaves de la garde y soutenaient seuls l'effort d'une armée entière, et le brave général Cler venait d'être tué en ramenant pour la sixième fois sa brigade à la charge.

Nous ignorions les détails, mais nous savions qu'on se battait, c'en était assez pour nous donner des ailes. Nous franchîmes rapidement l'espace qui nous séparait du champ de bataille, et, sans reprendre haleine, nous nous précipitâmes sur les Autrichiens. Je ne puis te peindre, ma bonne mère, toute cette affreuse mêlée : le sommeil de tes nuits en serait troublé, et les inquiétudes que je te cause s'accroîtraient encore. Pourtant, c'est une belle chose que la bataille, et, tu peux m'en croire, j'ai pensé à toi en ce moment sans faiblesse et presque sans regret.

« On est heureux de mourir pour le service de son pays, pour la gloire de son drapeau. D'ailleurs, on ne pense pas à mourir, quand on a l'ennemi devant soi. On ne songe qu'à faire son devoir, ou plutôt on le fait sans y songer. Les balles, les boulets, la mitraille tombent autour de vous; vous ne les voyez pas, mais vous y répondez sans relâche, aveuglés par la fumée, étourdis par le bruit. C'est affreux et c'est beau. Mais ce qui est triste, c'est le champ de bataille le lendemain de la victoire.

« Au loin, les champs de blé sont rasés comme si les moissonneurs y avaient passé. Les arbres sont abattus, les haies taillées en pièces, les fermes démolies ou abandonnées ; on voit passer de longs convois de blessés, des prisonniers gardés par quelques soldats, le fusil chargé et amorcé, des fantassins, des cavaliers, des canons isolés, puis des colonnes entières, des batteries d'artillerie, des fourgons de bagage.

« Çà et là, on rencontre des chevaux expirants, puis des cadavres, dont le nombre augmente à mesure qu'on approche du théâtre de la lutte : les uns couchés sur l'herbe, la face contre terre, les autres tombés dans des ravins ; celui-ci percé d'une baïonnette, celui-là coupé en deux par un boulet. Les vainqueurs de la veille sont occupés à relever les blessés et à enterrer les morts. Parfois on reconnaît un camarade, un ami ; les yeux se mouillent et se lèvent vers le ciel ; mais la besogne presse, il faut passer outre.

« Les blessés autrichiens ne sont pas traités avec moins d'égards ni soulagés avec moins d'empressement que les nôtres. Les Français s'attendrissent à la vue des blessures qu'ils ont faites. « Pauvres diables, disait un grenadier de la garde, « en aidant à transporter cinquante-six Hongrois « horriblement maltraités par nos baïonnettes,

« comme nous les avons arrangés ! Enfin, c'est « la guerre qui le veut ; sans quoi, je dirais que « nous sommes des sauvages ! »

« Un autre courait à la rivière et en rapportait de l'eau pour un Croate brûlé par la fièvre; un autre encore, atteint d'un coup de feu à la jambe, disait qu'il attendrait bien un peu avant d'être transporté à l'ambulance, et priait qu'on emmenât d'abord un Autrichien près duquel il était tombé et dont l'état lui paraissait beaucoup plus grave que le sien.

« Voilà des actes d'une charité sublime, et l'on peut dire sans crainte que le brave soldat qui se conduit ainsi mérite tous les honneurs qu'on lui rend. Tout ce que tu entendras dire du courage, de l'élan, de la gaîté de nos troupes, est vrai, aussi vrai que leur humanité. Quelques jours avant la bataille de Magenta, nous souffrions beaucoup de la chaleur, moi du moins, qui, tu le sais, l'ai toujours difficilement supportée. Un soldat sarde disait à un zouave :

« — Quel soleil ! il va bien vous incommoder, vous autres Français ; les Autrichiens ne pouvaient l'endurer.

« — Bah ! dit le zouave, c'est un vrai soleil

de pacotille que votre soleil d'Italie! Parlez-moi de celui d'Afrique.

« — Il est donc encore plus chaud que celui-ci?

« — S'il est plus chaud!... Allez, si les Autrichiens grillent ici, en Afrique on les verrait fondre.

« Le général de Mac-Mahon, le général Regnaud de Saint-Jean-d'Angély, le maréchal Canrobert et tous nos officiers supérieurs se sont couverts de gloire. On les a vus au plus fort de la mêlée, et leur exemple aurait suffi pour donner du courage aux troupes, si elles en avaient manqué. Mais, Dieu merci, nous en avions tous, et notre seule crainte était de ne pouvoir combattre, comme on nous le promettait depuis quelque temps, pour nous aider à prendre patience.

« Encore quelques victoires comme celle-là, et la paix se fera, j'espère, et j'aurai la joie de te revoir, bonne mère, et nous oublierons dans un embrassement, moi mes fatigues, toi tes angoisses cruelles. »

Le général de Mac-Mahon, qui avait puissamment contribué à la victoire, fut, en récompense de sa brillante conduite, nommé maréchal de France et duc de Magenta. Le général Regnaud de Saint-Jean-d'Angély reçut aussi le bâton de maréchal. Toute l'armée donna des regrets aux généraux Cler et Espinasse, morts glorieusement à Magenta. Le général Cler, qui avait fait ses premières armes en Afrique et qui s'était distingué, à la tête des zouaves, à la bataille de l'Alma, pendant la guerre de Crimée, semblait appelé au plus brillant avenir. Doué d'un esprit vif et séduisant, d'une grande facilité d'élocution, d'un extérieur aimable, il cultivait les lettres avec succès dans ses instants de loisir; ce qui ne l'empêchait pas d'être un des plus braves militaires de toute l'armée. Par malheur, sa carrière finit trop tôt : il n'avait pas quarante-cinq ans.

Nous avons dit que deux drapeaux autrichiens avaient été pris à Magenta; l'empereur, voulant rétablir d'anciennes et glorieuses traditions, décida que le régiment qui s'emparerait d'un drapeau ennemi porterait la croix d'honneur attachée au-dessous de son aigle, et il envoya en France le lieutenant-colonel Schmitz avec mission de présenter ces drapeaux à l'impératrice.

Les pertes faites par les Français à la bataille de Magenta, évaluées d'abord à cinq mille hommes, n'ont pas atteint ce chiffre. Elles se réduisent à vingt-quatre officiers tués, cent trois blessés, deux cent quatre-vingt-dix-neuf soldats tués, deux mille soixante-deux blessés et quatre cent soixante-dix disparus.

VII.

Entrée de Napoléon III et de Victor-Emmanuel à Milan. — Garibaldi à Bergame. — Combat de Marignan.

Après la victoire de Magenta, les Autrichiens évacuèrent Milan avec tant de hâte, qu'ils laissèrent dans la citadelle quarante et un canons, des munitions, des vivres en abondance, et se mirent en pleine retraite sur Lodi et Pavie. Ainsi furent trompées les prévisions de l'armée française, qui comptait sur une seconde bataille avant d'arriver dans la capitale de la Lombardie. Délivrée des Autrichiens, la municipalité de Milan se disposa à recevoir les armées alliées et leurs glorieux souverains. Elle présenta au roi Victor-Emmanuel la pathétique adresse que voici :

« Sire,

« Le vœu public est que Votre Majesté, à qui, par un miracle de concorde, ont été confiées les destinées de la patrie commune, prenne en main le plus tôt possible les rênes du gouvernement et la direction des affaires publiques de ce pays. Ce vœu avait été déjà solennellement proclamé par des milliers de nos volontaires, d'abord par serment devant Dieu, et ensuite par le sang devant le canon de l'Autriche....

« Sire, dans la résolution du conseil de la commune de Milan, Sa Majesté verra une nouvelle preuve que les vérités du cœur n'ont pas deux manières de s'exprimer. Nous vous appartenons par la persuasion, par l'affection, par la nécessité géographique, par le droit historique de l'acte de fusion de 1848, confirmé par les onze années de préparation, de souffrances, qui resteront ineffaçables dans l'histoire des peuples, comme un exemple sublime de ce que peut la persévérance dans de justes desseins, ainsi que la dignité dans les malheurs publics.

« Sire, nous vous adressons les paroles qui vous ont ému déjà, lorsque vous les avez entendues des lèvres de nos volontaires blessés dans la glorieuse journée de Palestro : « Faites l'Italie « libre et heureuse, et nous bénirons nos bles- « sures. »

Une autre adresse de la ville de Milan fut remise à l'empereur :

« Sire,

« Le conseil communal de la ville de Milan a tenu aujourd'hui même une séance extraordinaire, dans laquelle il a décidé par acclamation que la congrégation municipale présenterait à Sa Majesté l'empereur Napoléon III une adresse exprimant la vive reconnaissance du pays pour son généreux concours à la délivrance de l'Italie. Sire, la congrégation municipale se regarde comme très-honorée d'un mandat aussi élevé; mais elle sait combien les paroles sont impuissantes pour le remplir.

« Dans un discours dont tous admirèrent les magnanimes sentiments, mais que les Italiens écoutèrent avec une religieuse joie et surent interpréter comme un splendide augure, Votre Majesté disait qu'elle se reposait sur le jugement de la postérité.

« Sire, le jugement sur la sainteté de la guerre que Votre Majesté a entreprise, de concert avec le roi Victor-Emmanuel II, est désormais prononcé par l'opinion unanime de l'Europe civilisée, et les noms de Montebello, de Palestro et de Magenta, appartiennent déjà à l'histoire. Mais si, au jour de la bataille, la grandeur des plans de Votre Majesté, égalée à peine par l'héroïsme de vos soldats, nous rend sûrs de la victoire, nous ne pouvons le lendemain que déplorer amèrement la perte de tant de braves qui vous suivirent au champ d'honneur. Les noms des généraux Beuret, Cler, Espinasse, et de tant d'autres héros tombés prématurément, figurent déjà dans le sanctuaire de nos martyrs et demeureront gravés dans le cœur des Italiens comme dans un monument impérissable. Sire, notre reconnaissance pour Votre Majesté et pour la grande nation que vous avez été appelé à rendre plus grande encore, sera manifestée avec plus d'énergie par toute l'Italie rendue libre; mais nous sommes fiers, en attendant, d'être les premiers à l'exprimer, comme nous avons été les premiers à être délivrés de l'odieux aspect de la tyrannie autrichienne.

« Permettez-nous, Sire, de saluer Votre Majesté par ce cri de notre peuple : Vive Napoléon III ! vive la France ! »

Cette adresse ne contenait que l'expression affaiblie des sentiments de toute la population milanaise, et il serait impossible de trouver des expressions pour peindre la joie et l'enthousiasme avec lesquels furent accueillis nos braves soldats, lorsqu'ils firent leur entrée dans la capitale de la Lombardie.

« Figurez-vous, dit la correspondance des *Débats*, quelque chose qui n'a de nom dans aucune langue, un délire pour lequel le Dictionnaire ne fournit pas de mot ; multipliez l'ivresse par l'enthousiasme, ajoutez la frénésie à l'exaltation, cherchez ce que la joie la plus folle peut produire d'épanouissement et d'exubérance dans la manifestation des sentiments les plus vifs et les plus chauds, et vous aurez à peu près une idée du spectacle que présente aujourd'hui Milan (7 juin).

« Ce n'est plus une ville, c'est un volcan ; ce n'est plus du bonheur, c'est une explosion.

« Toutes les rues pavoisées de drapeaux flottant à chaque fenêtre, à chaque balcon des tentures : le satin, le drap d'or, la moire mêlant leurs reflets et leurs chatoiements; partout des femmes parées à ravir, battant des mains, agitant leurs mouchoirs, lançant des fleurs, et qui, lasses d'applaudir et de sourire, jetaient les baisers par centaines, du bout de leurs doigts, dans la foule inondant les rues et se pressant autour des bataillons, et surtout cet enivrement qui déborde un soleil de feu qui remplit la ville de lumière; c'était à donner le vertige.

« Quand le corps du général de Mac-Mahon a fait son entrée dans la ville, encore tout couvert de la poudre héroïque de Magenta, son général marchant en tête, un tonnerre de cris a ébranlé la cité lombarde. On aurait dit que la ville étouffée retrouvait la respiration. »

Le lendemain, 8 juin, Napoléon III et Victor-Emmanuel entrèrent à Milan par la porte Valentine; il y eut une nouvelle et plus éclatante explosion; la foule se précipitait au-devant des deux souverains, au risque de se faire écraser par les chevaux; les rues étaient littéralement couvertes de fleurs tombées de toutes les fenêtres et de tous les balcons ; l'empereur et le roi saluaient avec attendrissement, et les cris, les vivat redoublaient à chaque pas.

Les deux augustes alliés devant se rendre au Dôme pour remercier Dieu de leur victoire, toute la population encombra le Corso, espérant les revoir au passage ; mais la journée se passa sans que cet espoir se réalisât. Le 9 seulement, le *Te Deum*, si impatiemment attendu, fut chanté. L'empereur et le roi, entourés d'un brillant état-major, traversèrent le Corso sous une pluie de bouquets et de couronnes ; les fleurs avaient remplacé au bout du fusil la terrible baïonnette ; des acclamations se faisaient entendre de toutes parts, et les joyeuses volées des cloches y répondaient. C'était une fête comme Milan n'en avait pas encore vu, comme il n'en reverra peut-être jamais.

Victor-Emmanuel prenait possession de la Lombardie et venait de publier la proclamation suivante :

« Peuples de la Lombardie !

« La victoire des armées libératrices m'amène au milieu de vous.

« Le droit national restauré, vos vœux établissent l'union avec mon royaume, union qui repose sur la garantie des droits civils.

« La forme provisoire que je donne aujourd'hui au gouvernement est exigée par les nécessités de la guerre. Une fois l'indépendance assurée, un gouvernement libre et durable sera fondé.

« Peuples de la Lombardie! les Piémontais ont fait et font de grands sacrifices pour la patrie commune; notre armée, qui accueille dans ses rangs un grand nombre de vaillants volontaires de nos provinces et des autres provinces italiennes, a déjà donné d'éclatantes preuves de sa valeur, en combattant victorieusement pour la cause nationale.

« L'empereur des Français, notre généreux allié, digne du nom et du génie de Napoléon, est venu se mettre lui-même à la tête de l'héroïque armée de cette grande nation, et veut délivrer l'Italie depuis les Alpes jusqu'à l'Adriatique.

« Rivalisant de sacrifices, vous seconderez ces magnanimes efforts sur les champs de bataille, vous vous montrerez dignes des destinées auxquelles l'Italie vous appelle aujourd'hui, après des siècles de souffrances. »

La veille, l'empereur avait adressé aux Italiens une proclamation à laquelle toute l'Europe applaudit :

« Italiens !

« La fortune de la guerre me conduisant aujourd'hui dans la capitale de la Lombardie, je viens vous dire pourquoi j'y suis.

« Lorsque l'Autriche attaqua injustement le Piémont, je résolus de soutenir mon allié le roi de Sardaigne, l'honneur et les intérêts de la France m'en faisant un devoir. Vos ennemis, qui sont les miens, ont tenté de diminuer la sympathie universelle qu'il y avait en Europe pour votre cause, en faisant croire que je ne faisais la guerre que par ambition personnelle ou pour agrandir le territoire de la France. S'il y a des hommes qui ne comprennent pas leur époque, je ne suis pas du nombre.

« Dans l'état éclairé de l'opinion publique, on est plus grand aujourd'hui par l'influence morale qu'on exerce que par des conquêtes stériles ; et cette influence morale, je la recherche avec orgueil, en contribuant à rendre libre une des plus belles parties de l'Europe. Votre accueil m'a déjà prouvé que vous m'avez compris.

« Je ne viens pas ici avec un système préconçu pour déposséder les souverains, ni pour vous imposer ma volonté; mon armée ne s'occupera que de deux choses : combattre vos ennemis et maintenir l'ordre intérieur; elle ne mettra aucun obstacle à la libre manifestation de vos vœux légitimes. La Providence favorise quelquefois les peuples comme les individus, en leur donnant l'occasion de grandir tout à coup; mais c'est à la condition qu'ils sachent en profiter. Profitez donc de la fortune qui s'offre à vous.

« Votre désir d'indépendance si longtemps exprimé, si souvent déçu, se réalisera, si vous vous en montrez dignes. Unissez-vous donc dans un seul but, l'affranchissement de votre pays. Organisez-vous militairement. Volez sous les drapeaux du roi Victor-Emmanuel, qui vous a déjà si noblement montré la voie de l'honneur. Souvenez-vous que sans discipline il n'y a pas d'armée, et, animés du feu sacré de la patrie, ne soyez aujourd'hui que soldats; demain, vous serez citoyens libres d'un grand pays. »

L'empereur s'adressait ainsi, le même jour, à son armée victorieuse :

« Soldats !

« Il y a un mois, confiant dans les efforts de la diplomatie, j'espérais encore la paix, lorsque tout à coup l'invasion du Piémont par les troupes autrichiennes nous appela aux armes. Nous n'étions pas prêts : les hommes, les chevaux, le matériel, les approvisionnements manquaient, et nous devions, pour secourir nos alliés, déboucher à la hâte par petites fractions, au delà des Alpes, devant un ennemi redoutable, préparé de longue main.

« Le danger était grand, l'énergie de la nation et votre courage ont suppléé à tout. La France a retrouvé ses anciennes vertus, et, unie dans un même but comme en un seul sentiment, elle a montré la puissance de ses ressources et la force de son patriotisme. Voici dix jours que les opérations ont commencé, et déjà le Piémont est débarrassé de ses envahisseurs.

« L'armée alliée a livré quatre combats heureux et remporté une victoire décisive qui lui ont ouvert les portes de la capitale de la Lombardie; vous avez mis hors de combat plus de trente-cinq mille Autrichiens, pris dix-sept canons, deux drapeaux, huit mille prisonniers; mais tout n'est pas terminé; nous aurons encore des luttes à soutenir, des obstacles à vaincre.

« Je compte sur vous; courage donc, braves soldats de l'armée d'Italie! Du haut du ciel vos pères vous contemplent avec orgueil. »

De si importants résultats, obtenus en si peu de temps contre une armée qui connaissait le pays, qui en était maîtresse et qui avait eu le loisir de mûrir ses plans, étaient en effet bien capables d'encourager les soldats français et de leur inspirer la plus grande confiance dans l'issue de cette guerre; mais ils devaient aussi démoraliser l'armée autrichienne. Cette armée était brave, elle l'avait prouvé; mais, se voyant toujours battue, elle commençait à craindre de se trouver en face de nos troupes, dont l'élan était irrésistible. La baïonnette surtout lui inspirait une terreur dont elle ne pouvait se défendre, et la baïonnette est l'armé par excellence des zouaves, des turcos et de toute l'infanterie française.

La baïonnette est en usage dans nos armées depuis l'an 1670; le régiment des fusiliers du roi Louis XIV en fut d'abord pourvu; d'autres régiments la reçurent pendant les années suivantes, et bientôt l'usage en devint générale. Cette arme meurtrière convient surtout au soldat français, dont le caractère distinctif est l'audace et l'entrain, que rien n'étonne, que rien n'émeut et qu'aucun obstacle n'arrête. Elle a joué un grand rôle dans notre histoire militaire, surtout pendant la République, les longues guerres du premier Empire, et tout récemment en Crimée, où elle a décidé de la victoire de l'Alma et de la prise de Malakoff.

Dans les circonstances où se trouvait en Italie l'armée autrichienne, il était tout simple que ses généraux cherchassent à diminuer dans leurs rapports la grandeur des échecs subis par eux. A Montebello, à Palestro, ils avaient, disaient-ils, lutté contre des forces très-supérieures en nombre, et ils expliquaient ainsi leur mouvement de retraite. Il en fut de même à Magenta. Cependant l'empereur François-Joseph, qui s'était rendu en Italie et qui avait établi son quartier général à Vérone, accepta la démission du feld-maréchal Giulay, qui avait eu jusqu'alors le commandement en chef des troupes autrichiennes, et il le remplaça par le général Schlik.

Pendant que les Français triomphaient à Magenta, Garibaldi continuait ses opérations. Il apprit en marchant vers Bergame la nouvelle de cette glorieuse victoire; il fit faire halte à ses volontaires, leur donna lui-même lecture de la dépêche qu'il venait de recevoir, et trois salves d'acclamations furent poussées en l'honneur des Français par l'enthousiasme des chasseurs des Alpes.

Garibaldi occupa Bergame dans la matinée du 8; la municipalité de cette ville décréta aussitôt la formation d'un escadron de chasseurs à cheval et de deux bataillons de tirailleurs. Les forces du général Garibaldi se trouvèrent ainsi portées à vingt mille hommes d'infanterie et à quatre mille cinq cents cavaliers. Cette armée était destinée à inquiéter les derrières de l'ennemi et à favoriser les opérations des troupes alliées. Son général se rendit à Milan, pour s'entendre avec l'empereur et avec le roi de Sardaigne; mais il n'y resta que peu d'heures et n'y reçut aucune ovation; car il y entra et en sortit incognito. Son apparition eût sans doute mis le comble au délire des Milanais; mais il n'avait pas de temps à perdre, et il se hâta de rejoindre ses volontaires.

Le jour même de son entrée à Bergame, quinze cents Autrichiens vinrent de Brescia pour le chasser de la place où il s'établissait; il envoya à leur rencontre un détachement, qui les repoussa.

Nous avons parlé de l'enthousiasme des Milanais; nous devons ajouter qu'il ne se borna pas à de stériles démonstrations. C'eût été peu de chose d'applaudir à la bravoure de nos soldats, de les saluer au passage d'acclamations frénétiques, de leur jeter des fleurs, de leur envoyer des baisers, d'offrir à l'empereur et au roi des couronnes de laurier, d'habiller les enfants en grenadiers et en zouaves; le noble sang versé pour la délivrance de l'Italie méritait mieux que cela. Les palais, les villas, les maisons furent ouverts aux blessés; chacun apporta des oranges, du vin, des sirops; les plus nobles dames s'occupèrent à préparer de la charpie et se firent un devoir de s'adjoindre aux sœurs de charité pour donner des soins aux victimes de la guerre.

En France, une souscription s'organisa sous le patronage de l'impératrice, et une innombrable quantité de linge fut offerte. Les plus humbles hameaux envoyèrent leur offrande, et il n'y eut personne qui ne voulût contribuer au soulagement de ceux qui s'étaient si vaillamment exposés pour soutenir l'honneur du nom français.

A peine entré à Milan, l'empereur ordonna au maréchal Baraguey-d'Hilliers de se porter avec le 1er corps sur la route de Lodi et de chasser l'ennemi de San-Juliano et de Melegnano. Le 2e corps, commandé par le maréchal de Mac-Mahon, devait seconder le 1er dans cette expédition.

« Je me suis porté immédiatement, dit le maréchal Baraguey-d'Hilliers dans son rapport à l'empereur, à San-Donato, pour m'entendre avec le maréchal, et nous sommes convenus qu'il attaquerait avec sa 1re division San-Juliano; qu'après en avoir déposté l'ennemi, il se dirigerait sur Carpianello, pour passer le Lombro, dont les abords sont très-difficiles, et que de là il se dirigerait sur Mediglia.

« La 2e division devait prendre à San-Martino la route qui, par Trivulzo et Casanova, la conduisait à Bettola et se dirigeait sur la gauche de Mediglia, de manière à tourner la position de Melegnano.

« Il fut convenu que le 1er corps se dirigerait

tout entier sur la grand'route de Melegnano, enverrait à droite, au point indiqué sur la carte (Betolma), la 1re division qui, passant par Civesio, Viboldone, irait à Mezzano, établirait sur ce point une batterie de douze pièces pour battre Pedriano d'abord, et plus tard le cimetière de Melegnano, où l'ennemi s'était retranché et où il avait établi de fortes batteries;

« Que la 2e division du 1er corps, après avoir quitté San-Juliano, se porterait sur San-Brera et y établirait également une batterie de douze pièces pour battre le cimetière et enfiler la route de Melegnano à Lodi;

« Qu'enfin la 3e division du même corps se dirigerait directement sur Melegnano et enlèverait la ville, concurremment avec les 1re et 2e divisions, dès que le feu de notre artillerie y aurait jeté du désordre.

« La 1re division, laissant Melegnano sur sa gauche, eut ordre de se porter sur Cerro; la 2e et la 3e, sur Sordio, où elles devaient se mettre en rapport avec le 2e corps, qui, par Dresano et Casalmajocco, s'y dirigerait également.

« Pour que ces combinaisons pussent avoir un plein succès, il fallait que le temps ne manquât pas à leur développement, et, en me prescrivant d'opérer le jour même de mon départ de San-Pietro l'Olmo, Votre Majesté rendait ma tâche plus difficile; car la tête de la 3e division du 1er corps ne put entrer en ligne qu'à trois heures et demie, tant la route était embarrassée par les convois des 2c et 4e corps. Cependant, à deux heures et demie, je donnai l'ordre au maréchal de Mac-Mahon de marcher sur San-Juliano; il n'y trouva pas l'ennemi, passa le Lombro à gué, quoiqu'un pont fût indiqué sur la carte à Carpaniello, et continua son mouvement sur Mediglia.

« A cinq heures et demie, la 3e division du 1er corps arriva à environ douze cents mètres de Melegnano, occupé par l'ennemi, qui avait élevé une barricade à environ cinq cents mètres en avant sur la route, et avait établi des batteries à l'entrée même de la ville, derrière une coupure à hauteur des premières maisons. J'ordonnai au général Bazaine de disposer sa division pour l'attaque; un bataillon de zouaves fut jeté en avant et sur les flancs en tirailleurs.

« L'ennemi nous accueillit par une canonnade qui pouvait devenir dangereuse, parce que ses boulets enfilaient la route sur laquelle nous devions marcher en colonne. Notre artillerie répondit avec succès à celle des Autrichiens, et le général Forgeot, avec deux batteries et les tirailleurs de la 1re division à Mezzano, appuya sur notre droite l'attaque que nous allions faire. Je fis mettre les sacs à terre et lancer au pas de course sur la batterie ennemie le 2e bataillon de zouaves, suivi par toute la 1re brigade. Les Autrichiens avaient garni d'une nuée de tirailleurs les premières maisons de la ville, la coupure de la route et le cimetière; cependant ils ne purent résister à l'élan de notre attaque, battirent en retraite à droite et à gauche, firent une vigoureuse résistance dans les rues, au château, derrière les haies et les murs des jardins, et furent complétement chassés de la ville à neuf heures du soir.

« La 2e division, à son arrivée près de Melegnano, prit à gauche de la 3e, suivit la rivière, et prit ou tua les ennemis que nous avions déjà chassés du haut de la ville et dépassés. Le maréchal de Mac-Mahon put même envoyer aux Autrichiens des balles et des boulets sur la route de Lodi : il s'était porté, au bruit de notre fusillade, à Colognio.

« La résistance de l'ennemi a été vigoureuse. On s'est plusieurs fois abordé à la baïonnette ; dans l'un des retours offensifs des Autrichiens, l'aigle du 33e, un instant en péril, a été bravement défendue.

« Les pertes de l'ennemi sont considérables : les rues et les terrains avoisinant la ville étaient jonchés de leurs morts ; douze cents blessés autrichiens ont été portés à nos ambulances ; nous avons fait de huit à neuf cents prisonniers et pris une pièce de canon. Nos pertes s'élèvent à neuf cent quarante-trois hommes tués ou blessés ; mais, comme dans tous les engagements précédents, les officiers ont été frappés dans une large proportion : le général Bazaine et le général Goze ont été contusionnés ; le colonel du 1er de zouaves a été tué ; le colonel et le lieutenant-colonel du 33e ont été blessés. Il y a eu en tout treize officiers tués et quarante-trois officiers blessés. »

Les zouaves, qui déjà s'étaient si brillamment distingués à Palestro, prirent encore la part la plus décisive à cette bataille, qui dura trois heures, et qui eut pour résultat de chasser trente mille Autrichiens du poste important de Melegnano.

« La route qui sort de Milan par la Porta Romana court entre deux canaux profonds, dit la correspondance des *Débats*. La plaine est en contre-bas, toute coupée de haies et de ruisseaux, entre lesquels une armée ne peut pas se déployer. Le pays est plat; mais le regard ne va pas à longue distance; un rideau d'arbres ferme l'horizon à tout instant. La chaussée, après avoir traversé San-Juliano, rencontre le bourg de Melegnano, qu'elle coupe en deux. Un cimetière entouré de murs est sur la gauche, dans la campagne, au bord du canal.

« Le cimetière avait été transformé en forteresse. Le long des deux murs qui regardent la plaine et la route, les Autrichiens avaient assujetti tous les bancs d'une église et d'une auberge voisine. Debout sur leurs bancs comme des curieux qui assistent à une fête ou comme des enfants qui dérobent des abricots, ils tiraient à coup sûr. Nos tirailleurs tombaient sans voir personne.

« Il fallait enlever la position au pas de course. Le 1er de zouaves fut choisi pour l'attaque.

« — Un crâne coup de collier! me disait un sergent, dont la joue avait été effleurée par une balle.

« Le 1er de zouaves partit, la baïonnette en avant, et le village fut enlevé. Il sortit bien peu d'hommes du cimetière. Je viens de le parcourir; une brèche est dans un coin, par laquelle un certain nombre de fuyards ont pu s'échapper.

« Des paysans creusaient deux immenses fosses. Les morts étaient dans l'un des angles du cimetière, entassés par nations: d'abord les Autrichiens, puis les zouaves et les chasseurs, tous frappés à la tête. Deux chariots tout pleins attendaient à la porte. Derrière une chapelle, des soldats faisaient la sieste dans l'herbe.

« Sur la droite, en avant du bourg, dans un champ voisin d'un bivouac où le 33e de ligne fait bouillir ses marmites, cent prisonniers autrichiens attendent qu'on les dirige sur Milan. Un jeune lieutenant, auquel un Alsacien sert d'interprète, nous apprend que le général Rodein, qui commandait sa brigade, a été tué. Il appartient, avec sa compagnie, qui a mis bas les armes, au régiment *Prince de Saxe*. Le bataillon avec lequel il marchait a été contraint de se rendre pendant la nuit. Envoyé en reconnaissance vers Melegnano, par l'ennemi, il dépassa nos grand'gardes sans être inquiété, bien qu'il eût été reconnu; mais la sentinelle, sûre qu'il n'y avait là que quelques centaines d'hommes, se glissa, sans être aperçue, vers le bivouac du régiment et prévint le colonel. On prit les armes sans bruit, et les Autrichiens se trouvèrent cernés.

« Entrons dans le village. La lutte s'est poursuivie de rue en rue, de maison en maison. Chaque porte était barricadée. Les traces des balles sont partout. Une jeune fille se peigne et lisse ses cheveux derrière une fenêtre sans vitres, elle a le temps de sourire. Le long des rues, au pied des bornes, sur le seuil des portes, dans les fossés, derrière les meules, au coin des haies, dans la fange des ruisseaux, partout des cadavres en pantalon bleu, sac au dos. Les sacs sont vides.

« Voici la place du village où la lutte a été le plus acharnée. Sur l'un des côtés, est un vieux grand château en briques, où l'on arrive par une chaussée entre deux fossés profonds; en équerre, on voit des maisons sur lesquelles s'ouvre une voûte. C'est là que le colonel Paulze d'Ivoy a été frappé de deux balles; ses soldats l'ont bien vengé. »

VIII.

Progrès des armées alliées. — François-Joseph prend le commandement de ses troupes. — Délivrance de Brescia. — Le drapeau décoré. — Passage de la Chiese.

Le succès remporté naguère à Montebello par les troupes françaises rappelait une des victoires du premier Empire; le combat de Melegnano nous reporte, par la pensée, à plus de trois siècles en arrière; car du bourg qu'on nomme en italien Melegnano, nous avons fait en français Marignan. Or, tout le monde sait que François Ier, de chevaleresque mémoire, remporta sur les Suisses une grande victoire à Marignan.

François Ier accourait en Italie pour conquérir le Milanais, pour lequel Charles VIII et Louis XII, ses prédécesseurs, avaient déjà dépensé beaucoup de sang et d'argent. L'Empire (l'Autriche), l'Espagne, la Suisse et les États du pape s'étaient ligués contre le roi de France; mais ce prince n'était pas d'humeur à reculer devant n'importe quel obstacle. Les Suisses l'attendaient au pied du mont Cenis et du mont Genèvre ; il les trompa en faisant défiler ses troupes par le col d'Agnello, avec des peines et des fatigues infinies. Cette audace rendit les Suisses traitables, et, moyennant une somme de 700,000 écus, ils consentirent à laisser les Français s'approcher tranquillement du duché de Milan. Mais bientôt ils oublièrent leurs engagements, et ils allèrent attaquer François Ier, qui avait établi son camp à Marignan.

C'étaient de très-braves soldats, et ils arrivaient en si grand nombre, que le connétable de Bourbon conseilla au roi de ne pas les attendre; mais François répondit qu'il les battrait plutôt tout seul. Le combat dura deux jours; on fit de part et d'autre des prodiges de valeur; mais personne ne se distingua plus que le roi. Il chargeait avec une ardeur infatigable, se jetait le premier au milieu des rangs ennemis, et sa vaillante épée y faisait un épouvantable carnage. Une magnifique escarboucle ornait son casque et le désignait aux coups des ennemis; cependant il sortit sain et sauf du combat, et il se montra si généreux envers les Suisses, dont il avait admiré la valeur, qu'il les décida à servir dans ses armées.

L'heureuse issue du combat de Melegnano, si rapproché de la victoire de Magenta, détermina les Autrichiens à évacuer Lodi, Pavie, Plaisance, et à repasser l'Adda. Par suite de l'évacuation de Plaisance, Marie-Louise de Bourbon, duchesse régente de Parme, fut obligée de quitter ses États, où la soutenait seul le voisinage de l'armée autrichienne. Avant de s'éloigner de sa capitale, la duchesse adressa à ses sujets une proclamation dans laquelle elle leur rappelait avec dignité la manière dont elle les avait gouvernés.

« Je ne dois, dit la régente, ni m'opposer aux vœux proclamés par l'Italie ni manquer à la loyauté. Aussi une situation de neutralité telle que semblaient la conseiller les conditions exceptionnelles faites à mon territoire par ces conventions (avec l'Autriche) n'étant plus possible, je cède aux événements qui me pressent, recommandant au municipe de Parme la nomination d'une commission de gouvernement, pour maintenir l'ordre, défendre les personnes et les propriétés, pourvoir à l'administration publique, à la destination à donner aux troupes royales et aux autres sollicitudes qui sont commandées par les circonstances.

« Je me retire en pays neutre, près de mes bien-aimés fils, dont je déclare réserver tous les droits pleins et entiers, les confiant à la justice des hautes puissances et à la protection de Dieu.

« Dignes populations de toutes les communes du duché, partout et toujours votre souvenir demeurera cher à mon cœur. »

Le 12 juin, Napoléon III quitta Milan et porta son quartier général à Gorgonzola, sur la route de Milan à Bergame. La veille, l'armée sarde s'était rendue sur l'Adda, était entrée à Vaprio, évacué par les Autrichiens, et y avait rétabli un pont rendu impraticable par l'ennemi. A peine arrivé à Gorgonzola, l'empereur fit jeter en sa présence deux ponts de bateaux sur l'Adda, grossie par les pluies torrentielles tombées les jours précédents. Les eaux étaient si fortes et si rapides, que l'opération présentait les plus grandes difficultés ; mais l'empereur encourageait les pontonniers et doublait leur ardeur en surveillant de tout près leurs travaux. Les ponts furent établis en moins de temps qu'on ne s'y était attendu, et dès qu'ils furent achevés, le passage de l'armée commença. Le lendemain, elle traversa le Serio, petite rivière qui se jette dans l'Adda, et continua sa marche en avant, pendant que les Autrichiens se retiraient vers l'Oglio. Non-seulement ils avaient abandonné Plaisance, mais Pizzighettone, Crémone, Modène, Crema et Brescia.

L'empereur et le roi firent leur entrée dans cette dernière ville, au milieu d'une population non moins joyeuse et non moins enthousiaste que celle de Milan.

Les Autrichiens ayant aussi évacué Bologne, Ancône et Ferrare, la municipalité de Bologne offrit la dictature à Victor-Emmanuel, qui la refusa et répondit aux députés bolonais qu'il ne voulait pas substituer l'absorption piémontaise à l'oppression autrichienne.

« Le saint-père, dit-il, le chef vénéré des fidèles, est resté à la tête de son peuple; il ne s'est pas, comme les souverains de Parme, de Modène et de Toscane, démis de son autorité temporelle, que nous devons non-seulement respecter, mais consolider; je désapprouverai donc tout acte subversif contraire à l'équité et nuisible à la noble cause que nous servons. N'oublions pas non plus que Pie IX est un prince italien. »

Après le passage de l'Adda par les armées alliées, les Autrichiens continuèrent à battre en retraite au delà de l'Oglio, concentrant leurs forces dans le quadrilatère fortifié, composé des places de Vérone, Mantoue, Peschiera et Legnago.

L'empereur François-Joseph, consterné par tant d'échecs successifs, résolut de ne plus s'en rapporter qu'à lui-même du soin de diriger son armée. Il l'annonça par un ordre du jour ainsi conçu :

« En prenant aujourd'hui le commandement immédiat de mes armées portées en face de l'ennemi, je veux, à la tête de mes vaillantes troupes, continuer la lutte que l'Autriche a été forcée d'accepter pour son honneur et son bon droit.

« Soldats! votre dévouement pour moi, votre bravoure, dont vous avez donné tant de preuves si éclatantes, m'assurent que, sous ma conduite, vous remporterez les succès que la patrie attend de vous. »

Jusque-là les grandes puissances de l'Europe avaient observé une stricte neutralité ; elles avaient fait tous leurs efforts pour le maintien de la paix ; mais ces efforts ayant échoué contre l'obstination de l'Autriche, elles paraissaient approuver la conduite des souverains alliés et applaudir à leurs victoires. En Allemagne, cependant, l'opinion publique se prononçait contre la France ; on prêtait à l'empereur des vues ambitieuses, et, quoiqu'il eût plusieurs fois répété qu'il n'avait aucune intention hostile contre la Confédération germanique, il régnait dans les États de cette Confédération une certaine agitation en faveur de l'Autriche. Les Français, toujours si bien accueillis partout, n'y étaient plus regardés qu'avec méfiance. La Prusse semblait aussi vouloir prendre parti pour François-Joseph ; car elle décréta la mobilisation de six corps d'armée ; cependant le prince-régent déclara, tout en prenant ces mesures, qu'elles n'avaient d'autre but que de mettre la Prusse en état d'intervenir pacifiquement, quand l'heure de la médiation serait arrivée. Le décret de mobilisation produisit une bien pénible impression sur les populations. Une correspondance de Berlin, en date du 15 juin, s'exprimait ainsi sur ce sujet :

« Si l'on se rappelle les conditions de la mobilisation de l'armée en Prusse, on s'expliquera la consternation produite dans beaucoup de familles par la nouvelle de la mobilisation de six corps d'armée, annoncée hier par la *Gazette prussienne*. Comme on sait, chacun est soldat en Prusse jusqu'à l'âge de quarante ans. Qu'on songe ce que c'est que d'arracher à leurs foyers tant de pères de famille ! Car la landhwer et la réserve se composent d'hommes mariés, et leurs familles, qui vivent le plus souvent du travail de leur chef, se trouvent réduites, par la mobilisation, à la plus grande détresse. L'État, il est vrai, accorde des secours aux familles nécessiteuses des hommes appelés sous les drapeaux ; mais ces secours sont si minimes, qu'il est impossible d'en vivre. A cela il faut ajouter que l'on approche de la moisson et qu'on manquera de bras pour la faire.

« Dans les autres grands États on peut mettre cinq cent mille hommes sous les armes sans qu'on s'en aperçoive dans la vie ordinaire ; car il reste toujours assez de monde pour les travaux habituels, et à peine les rangs des jeunes gens se trouvent éclaircis. Il en est autrement chez nous. Avant même que la guerre commence, du moment que la mobilisation a eu lieu, toutes les affaires cessent; les villes et les villages se vident; les tribunaux et les comptoirs, les ateliers, les chemins de fer, les administrations de toutes sortes, sont obligés de céder à l'armée leurs hommes les plus capables; il ne reste donc rien que les femmes, les enfants et les gens âgés. Pour faire supporter cet inconvénient, il faudrait que le besoin de la guerre fût vivement senti par le peuple; il faudrait que ce fût une guerre pour laquelle tout le monde se passionnât. Dans le cas contraire, lorsque le peuple discute sur l'opportunité de la guerre, la force de l'armée se trouve brisée d'avance. »

La guerre entreprise pour soutenir l'Autriche eût été impopulaire en Prusse, et le gouvernement rassura les esprits, en répétant que ses armements n'avaient pour but que d'aider au rétablissement de la paix.

Les Autrichiens firent marcher vers l'Italie un grand nombre de troupes fraîches, destinées à combler les vides faits dans leurs rangs par les batailles précédentes. Des deux côtés on comptait sur une nouvelle et prochaine bataille, et tous les esprits étaient dans l'attente.

Le 12 juin, on écrivait de Crémone au journal *la Lombardia* :

« Depuis plusieurs jours, la retraite de l'armée autrichienne était annoncée par des signes indubitables. Le matériel de guerre qui était expédié en toute hâte sur Mantoue par la route de Milan, les convois de blessés, par milliers, qui se succédaient d'heure en heure et qui prenaient la même direction, et surtout encore le passage de troupes, de soldats sans armes, appartenant à divers régiments, hussards, artilleurs, uhlans, chasseurs, etc., formant des colonnes bizarrement mélangées et dans un état misérable, annonçaient clairement que l'armée, battue coup sur coup, se retirait dans la basse Lombardie et cherchait à se rapprocher au plus tôt de Mantoue et de Vérone.

« Pendant les journées du 10, du 11 et du 12, après qu'elles avaient abandonné le matériel, on voyait passer par la ville et dans les environs les brigades qui avaient occupé naguère Plaisance et Pavie, et qui prenaient aussi la direction de Mantoue et en partie celle de Soncino, de Casalbuttano et de Sorezina, pour renforcer le centre et le gros de leur armée, destinée à protéger la retraite générale sur l'Adda, sur le Serio et sur l'Oglio.

« Quelques-uns des régiments qu'on voyait passer paraissaient intacts, et l'on sait qu'ils ne s'étaient pas encore battus, tandis que d'autres étaient diminués par les baïonnettes des alliés, par les maladies et les désertions continuelles. Ils présentaient le plus triste aspect : fatigués, malpropres, leurs uniformes en lambeaux, ils portaient sur leur visage le découragement le plus profond. Ces troupes, dont la consternation était extrême et qui se montraient impatientes de gagner les forteresses, s'élevaient en fin de compte à trente-six mille hommes. La dernière brigade était campée le 11 à Acqua-Negra et aux environs; à midi, elle marcha vers la ville, qu'elle quitta à trois heures du soir, se dirigeant vers Cicognolo.

« Le fort de Pizzighettone fut définitivement abandonné le samedi soir (11), après qu'on eut brûlé le magnifique pont sur l'Adda. Il est impossible de dire tous les actes de vandalisme auxquels se livrèrent les dernières compagnies du corps du génie qui étaient restées dans le fort. Après avoir jeté dans la rivière la poudre et les canons qui restaient, ils y jetèrent tout ce qui leur tombait sous la main; ils ouvrirent les magasins de sel, de farine, dont ils vendaient le contenu pour quelques centimes le sac; ils répandirent le vin et appelèrent ensuite les paysans à profiter de l'ouverture des magasins, les invitant à prendre part au pillage; enfin, vers six heures du soir, au milieu de l'explosion des mines qu'ils avaient pratiquées dans les petits forts, ces hommes, dans un état complet d'ivresse, coupaient partout les pieux du télégraphe, que les paysans s'empressaient de dérober. »

Quatre jours plus tard, la *Patrie* recevait de son correspondant, M. d'Audigier, les détails suivants :

« Point d'événements militaires depuis une semaine; je ne vous parlerai donc que de mon voyage.

« Le mardi 14, à quatre heures du matin, nous sortions de Gorgonzola à la recherche du quartier général, et, une heure après notre départ, nous traversions les rues de Cassano, bourg situé sur les bords de l'Adda, dans une des positions les plus pittoresques que j'aie rencontrées encore dans cette riche et charmante Lombardie.

« Après avoir visité le beau palais d'Adda et la maison où loge l'empereur, nous descendons la colline, nous passons le pont de bateaux avec les bagages, et nous nous dirigeons vers Triviglio, où l'empereur doit se rendre dans la journée. S'il était difficile à Cassano de trouver un gîte, à Triviglio la chose semblait absolument impossible. Pas une place dans un hôtel, pas un siége dans un café. A neuf heures du soir, j'étais encore sur le pavé, et n'ai trouvé enfin une chambre que grâce à la bienveillante protection du payeur général de l'armée, M. Budin.

« Le lendemain 15, à cinq heures du matin, j'attendais, devant la cathédrale de Triviglio, la voiture qui, partant de Cassano, devait me transporter à Romano. Je l'attendais encore à trois heures de l'après-midi; sur la route, encombrée par les troupes et les bagages, elle avait fait deux lieues en dix heures. Enfin, ce désiré véhicule m'apparut, suivant dans un nuage de poussière la calèche de l'amiral Dupouy, et, vers sept heures du soir, j'arrivais à Romano, patrie de Rubini.

« Cette pauvre petite ville de Romano, envahie par vingt-cinq ou trente mille libérateurs, n'était guère plus que Cassano ou Triviglio, en mesure de leur offrir une large et copieuse hospitalité. Mais elle n'avait rien négligé pour se faire belle et pavoiser ses fenêtres.

« Le 16, à sept heures du matin, nous arrivons, l'espoir au cœur, dans le bourg de Calcio, choisi pour le quartier général de l'empereur. Hélas ! Calcio est plus au dépourvu encore que Romano; les boutiques sont closes, et tout marchand répond d'un air piteux à l'acheteur avide : *Niente, signor, niente!* (rien, Monsieur, rien!)

« Nous sommes cinq compagnons de voyage, n'ayant depuis leur lever mangé que la poussière de la route. La nuit approche, et nos estomacs entrent en pleine révolte. Un de nous, Italien de naissance, obtient d'un aubergiste cette promesse : « Si vous apportez votre dîner, je m'engage à le « préparer. »

« Après bien des recherches, nous avons trouvé nos aliments nous-mêmes, et une bonne petite femme du pays nous a prêté son feu, sa table et sa chandelle : elle avait la meilleure âme du monde; mais ce n'était pas un cordon bleu.

« Brescia libre ne se sent pas de joie; elle a crié, elle a battu des mains, elle a pavoisé ses murs et allumé des girandoles et des lampions;

mais, dans son ivresse, elle a oublié de fournir à la subsistance de ses libérateurs; les provisions de première nécessité manquent absolument.

« L'empereur est établi dans la casa Fenaroli, une belle habitation, d'où il est sorti sans escorte pour aller visiter en voiture un village d'où l'on aperçoit les postes autrichiens. On dit que demain lundi les troupes feront un mouvement en avant; mais la nouvelle n'est point sûre. Il est probable qu'on veut laisser encore reposer un peu ces intrépides marcheurs, qui, depuis huit jours, ont tant arpenté de terrain; on attendra sans doute aussi que tous les corps soient réunis dans les environs de Brescia; car, au milieu de l'inaction actuelle, chacun sait, chacun sent qu'un grand coup se prépare. L'orage se forme et gronde; où tombera la foudre? Demain peut-être je devrai vous l'écrire. »

Au milieu de la pénurie dont ces correspondances font preuve, nos soldats avaient beaucoup à souffrir. L'intendance militaire avait fait des merveilles; car elle parvenait à fournir assez exactement les rations de viande ou de lard; mais il ne fallait pas songer à se procurer le moindre légume, et la soupe du quartier se ressentait de cette disette. Les soldats étaient si las de manger cette soupe insipide, qu'ils imaginèrent d'y ajouter du raisin et s'en trouvèrent bien.

Pendant les marches forcées, ils endurèrent aussi la soif, tourment auprès duquel la faim n'est rien; ils se désaltéraient avidement dans l'eau bourbeuse qu'ils rencontraient, et les officiers qui parvenaient à se procurer un peu de vin s'estimaient très-heureux. Mais ni les fatigues ni les privations n'influaient sur le moral de notre brave armée; elle était pleine d'ardeur, et la gaîté ne lui faisait jamais défaut. Ses premiers succès l'avaient exaltée, et aucun sacrifice ne lui semblait pénible, pourvu qu'on la conduisît à de nouvelles victoires. Un soldat du 2e régiment de zouaves écrivait de Brescia à sa mère :

« Quel beau jour pour mon régiment que le 19 juin! Notre drapeau a été décoré de la Légion d'honneur. A midi, le régiment était en grande tenue, sous les armes; les officiers généraux s'y trouvaient; le maréchal de Mac-Mahon, duc de Magenta, vint avec son escorte, nous fit former le carré, face en dedans, fit avancer le drapeau au milieu, et nous dit :

« — Soldats du 2e régiment de zouaves, l'empereur, voulant conserver les habitudes de l'ancien Empire, a décrété que les drapeaux des régiments qui feraient une action d'éclat seraient décorés de l'ordre de la Légion d'honneur. Zouaves, vous méritez tous une récompense; car tous vous vous êtes montrés dignes du nom de Français; vous vous êtes avancés sur l'ennemi sans hésiter; vos pères, qui vous contemplent, sont fiers de vous. L'honneur de la bataille de Magenta vous revient. Le drapeau du 2e de zouaves est le premier de l'armée d'Italie qui sera décoré. Je suis heureux que ce soit dans le 2e corps d'armée, que je commande, qu'un tel honneur soit rendu, et je suis fier que ce soit vous, soldats du 2e de zouaves, dont la réputation ne s'est démentie ni en Crimée, ni en Afrique, ni à Magenta, qui ayez mérité cet honneur. Mais ce n'est point encore assez, zouaves, il faut que votre drapeau porte la croix d'officier de la Légion d'honneur.

« Alors, s'avançant vers le drapeau, il dit :

« — Aigle du 2e régiment de zouaves, sois fière de tes soldats; au nom de l'empereur, et d'après les pouvoirs qui me sont dévolus, je te donne la croix de chevalier de la Légion d'honneur.

« S'avançant de nouveau, il décora notre drapeau, aux cris de Vive l'empereur! Il voulut parler de nouveau; mais l'émotion l'en empêchait. Puis, faisant approcher les soldats qui méritaient des récompenses, il donna cinq croix et vingt et une médailles militaires. Mon capitaine est du nombre des décorés. Ma cantinière, Mme Trémoreaux, a été médaillée pour sa bonne conduite au feu. L'excellente femme a suivi continuellement, et pendant le plus fort de l'affaire, la ligne des tirailleurs; c'est d'elle que les blessés recevaient les premiers soins. Elle se multipliait. Aussi, que de louanges ne lui adresse-t-on pas! C'est vraiment une providence qu'une bonne cantinière dans un régiment comme le nôtre. »

Le prince Napoléon était resté à Florence avec un corps de réserve; il reçut l'ordre de venir rejoindre le gros de l'armée. Il se mit en marche, suivi de près par dix mille fantassins toscans, un régiment de cavalerie et quatre batteries de campagne. Ces troupes, qui voulaient partager avec les Français la gloire des combats, étaient placées sous le commandement en chef du général Ulloa.

Les armées alliées n'étaient qu'à une faible

distance des Autrichiens, qu'elles suivaient dans leur mouvement de retraite. Garibaldi, voulant établir un pont sur la Chiese, pour assurer ses communications avec Brescia, avait placé une partie de ses troupes à Rezzato et à Treponti, pour faire face aux avant-gardes ennemies. Quelques compagnies de chasseurs des Alpes attaquèrent ces avant-gardes, les mirent en fuite et les poursuivirent jusqu'à Castelnedolo. Là, les Autrichiens, bien supérieurs en nombre, essayèrent d'envelopper les chasseurs des Alpes; mais Garibaldi accourut, dirigea si habilement ses volontaires, qu'ils causèrent de grandes pertes à l'ennemi et n'eurent que cent hommes hors de combat.

Le roi de Sardaigne fit soutenir ce général par une partie de la 4e division de son armée; les Autrichiens se retirèrent à Castelnedolo et firent sauter le pont qu'ils avaient sur la Chiese, devant Montechiaro.

Les Autrichiens concentraient de grandes masses sur Donato, Montechiaro et Castiglione; ils semblaient vouloir défendre le passage de la Chiese dans des positions formidables. L'empereur et le roi avaient, de leur côté, réuni leurs armées, et l'on s'attendait à une action décisive, lorsqu'on apprit que l'ennemi battait en retraite sur la ligne du Mincio.

Le 21 et le 22 juin, l'armée française passa la Chiese à Montechiaro, que les Autrichiens avaient évacué le 20. La cavalerie poussa des reconnaissances, habilement conduites par le capitaine de Contenson, du 1er régiment de chasseurs d'Afrique. Une grand'garde de uhlans fut surprise et quelques hommes tués. Neuf furent pris avec leurs chevaux.

Les Piémontais, de leur côté, rencontrèrent les ennemis vers Peschiera; un engagement assez vif eut lieu.

Les habitants de Montechiaro offrirent à l'empereur un monument de la victoire remportée en 1818, à Castiglione, par les Français sur les Autrichiens. Ce monument, renversé par les Autrichiens, portait les noms des officiers français morts sur le champ de bataille. L'empereur accepta avec reconnaissance l'hommage de cette colonne, et ordonna qu'elle fût rétablie au lieu d'où elle avait été enlevée.

———

Mégard et Cie — France et Italie

Bataille de Solférino.

IX.

Le grand quadrilatère autrichien. — Bataille de Solferino.

L'empereur François-Joseph, décidé à prendre le commandement en chef de ses troupes, porta son quartier général à Valeggio, dans le fameux quadrilatère, sur lequel nous allons donner quelques détails.

Il est borné au nord par la forte place de Peschiera, située sur le lac de Garde, et par la route qui va de cette place à Vérone, grande ville dont la population excède cinquante mille âmes, et qui passe pour la plus forte place de guerre de toute l'Italie, depuis qu'en prévision de la guerre, les Autrichiens y ont ajouté des ouvrages considérables. Vérone est, en outre, reliée à Vienne par un chemin de fer.

L'Adige, le plus important des fleuves lombards après le Pô, ferme le quadrilatère à l'est, entre Vérone et Legnago. Cette dernière place, quoique très-forte, n'est comparable ni à Vérone ni à Mantoue.

Mantoue est située au milieu d'un lac formé par le Mincio. Les eaux de ce lac baissent beaucoup en été; mais alors les miasmes qui s'en exhalent rendent le siége de la place très-dangereux. On ne peut dire précisément en quoi consistent les fortifications de Mantoue; car il n'est permis à aucun étranger d'en lever le plan.

Le Mincio enferme le quadrilatère à l'ouest, et de Mantoue à Legnago, c'est-à-dire au sud, passe une route sur laquelle se trouvent encore plusieurs points fortifiés.

Le siége de Mantoue était réservé au corps d'armée du prince Napoléon. Ce corps, qui n'avait pas encore combattu, arrivait plein d'ardeur; les Piémontais se portaient vers Peschiera. L'armée française avait déjà poussé des reconnaissances jusqu'à Goïto, et les Autrichiens paraissaient décidés à se tenir sur la défensive, lorsque l'empereur François-Joseph, sans doute blessé dans son légitime orgueil de voir ses troupes fuir devant les nôtres, et croyant que les Autrichiens n'avaient été vaincus jusque-là que par la faute des circonstances, résolut de reprendre l'offensive.

Dans la nuit du 19 au 20 juin, les Autrichiens avaient évacué la droite du Mincio; ils s'en rapprochèrent dans la nuit du 23 au 24 et marchèrent à la rencontre des alliés.

« Une bataille était imminente, dit le *Moniteur*. Toute l'armée ennemie, revenue sur ses pas, se préparait à nous disputer le passage; Solferino, San-Cassiano, Cavriana, positions formidables, étaient occupés par les Autrichiens, qui, soutenus par une nombreuse artillerie, couronnaient toutes les hauteurs jusqu'à Volta. Sur leur gauche, dans la plaine, entre Volta, Guidizzolo et Medole, s'avançaient de nombreuses colonnes avec de l'artillerie et de la cavalerie, pour déborder notre droite et la tourner. L'ennemi avait, en outre, entre Solferino et Peschiera, des forces considérables qui devaient s'opposer à l'armée du roi de Piémont, marchant de Desenzano à Pozzolengo. Les armées occupaient ces positions, quand, à cinq heures du matin, le 1er corps (maréchal Baraguey-d'Hilliers) commença à s'engager devant Solferino. Les hauteurs et le village furent enlevés et occupés de haute lutte, après un combat acharné. Pendant ce temps, le 2e corps (maréchal de Mac-Mahon), qui était à droite du 1er, dans la plaine, s'étendait vers sa propre droite, pour se relier avec le général Niel, qui marchait sur Medole (au sud-ouest de Solferino).

« L'empereur avait pris le commandement de toute l'armée. Sa Majesté fit avancer l'infanterie et l'artillerie de la garde, pour s'établir entre le 1er et le 2e corps et pour enlever San-Cassiano. Puis, pour renforcer la droite du maréchal de Mac-Mahon (2e corps), un peu vulnérable à cause de l'éloignement du général Niel, Sa Majesté envoya toute la cavalerie de la garde et les deux divisions de cavalerie du 1er et du 3e corps, pour remplir le vide entre le 2e et le 4e corps.

« Le maréchal Canrobert avait été chargé de surveiller le mouvement des Autrichiens attendus du côté de Mantoue.

« Pendant toute la journée on s'est battu, en avançant lentement, mais en avançant toujours en bon ordre, les corps se reliant entre eux. Le 1er corps, après s'être emparé de Solferino, a enlevé toutes les positions les unes après les autres, dans la direction de Pozzolengo; la nuit seule a pu l'arrêter.

« La garde s'est portée sur San-Cassiano et sur Cavriana, en couronnant les crêtes. Ce dernier village a été enlevé avec un grand entrain, sous les yeux de l'empereur, qui dirigeait lui-même le feu de l'artillerie.

« Quant au 4e corps (général Niel), il avançait pas à pas, gagnant toujours du terrain. Il y eut un moment, vers quatre heures après midi, où, pour soutenir leur retraite, les Autrichiens firent un suprême effort pour s'établir entre le 4e et le 2e corps. Une lutte acharnée s'engagea; l'infanterie et l'artillerie y prirent part, et la cavalerie, par plusieurs charges, acheva de décider le succès de cette grande journée.

« Ce fut là le dernier acte de la bataille. Les Autrichiens se mirent en retraite sur toute la ligne. Cette retraite fut favorisée par un orage épouvantable, qui dura plus d'une heure; le tonnerre, la grêle, le vent, enfin une trombe affreuse produisirent un tel effet, qu'on ne distinguait plus rien sur le champ de bataille.

« Quand le temps fut devenu calme, l'ennemi

avait disparu, et l'on voyait au loin la direction que prenaient ses colonnes de retraite. L'empereur d'Autriche, qui logeait à Cavriana, dans l'endroit même où, plus tard, l'empereur a établi son quartier général, a quitté, vers quatre heures, le lieu de la bataille, en se retirant du côté de Goïto. Des hauteurs de Cavriana, on a pu voir la forte colonne de poussière qui s'élevait sous les pas de son escorte.

« L'empereur Napoléon a été en quelque sorte supérieur à lui-même; on l'a vu partout, toujours dirigeant la bataille; tout le monde autour de lui frémissait du danger qui le menaçait sans cesse; lui seul semblait l'ignorer. La protection dont Dieu l'a couvert s'est étendue à son état-major; un cent-garde seul a été blessé près de Sa Majesté; plusieurs chevaux de l'état-major et de l'escorte ont été tués ou blessés. »

Le 25, dans la matinée, une dépêche télégraphique, adressée par l'empereur à l'impératrice le soir même de la bataille, était répandue par toute la France:

« Grande bataille et grande victoire!

« Toute l'armée autrichienne a donné. La ligne de bataille avait cinq lieues d'étendue.

« Nous avons enlevé toutes les positions, pris beaucoup de canons, de drapeaux et de prisonniers.

« Les autres détails sont impossibles pour le moment.

« La bataille a duré depuis quatre heures du matin jusqu'à huit heures du soir. »

Une seconde et une troisième dépêche suivirent de près, mais pas encore d'assez près au gré des populations, avides de connaître les détails de cette grande affaire :

Cavriana, 25 juin, 1 heure 1/2 du soir.

« Il est encore impossible d'avoir des détails précis sur la bataille d'hier.

« L'ennemi s'est retiré cette nuit.

« J'ai passé la nuit dans la chambre occupée le matin de la bataille par l'empereur d'Autriche.

« Le général Niel est nommé maréchal de France. »

26 juin, 11 heures 55 minutes du matin.

« Les Autrichiens, qui avaient passé le Mincio pour venir nous attaquer avec toute leur armée, ont été contraints d'abandonner leurs positions et de se rejeter sur la rive gauche de la rivière.

« Ils ont fait sauter le pont de Goïto.

« Les pertes de l'ennemi sont très-considérables ; les nôtres sont de beaucoup inférieures. Nous avons pris trente pièces de canon, trois drapeaux, et fait sept mille prisonniers.

« Le général Niel et son corps d'armée se sont couverts de gloire, ainsi que toute l'armée.

« Le général Auger a eu le bras emporté.

« L'armée sarde, qui était à l'extrême gauche, a fait éprouver à l'ennemi des pertes sensibles, après avoir lutté avec un grand acharnement contre des forces supérieures. »

Les Sardes s'étaient, en effet, montrés dignes de leurs alliés dans cette grande journée. La *Gazette piémontaise* publia le rapport suivant, rédigé au quartier général de Victor-Emmanuel :

« Les Autrichiens, pendant la nuit du 19 au 20 juin, avaient évacué la droite du Mincio. Le 24, l'empereur a donné l'ordre à l'armée du roi Victor-Emmanuel d'occuper Pozzolengo et d'investir Peschiera, pendant que l'armée française occuperait Solferino et Cavriana. Le roi a donné l'ordre aux 1re et 5e divisions de diriger des détachements sur les lieux indiqués, et à la 3e division de détacher des forces sous Peschiera. Les Autrichiens, dans la soirée du 23 et dans la nuit du 24, se sont avancés sur la rive droite du Mincio.

« Des rapports de déserteurs s'accordent à dire que quarante mille Autrichiens s'étaient portés sur Pozzolengo. Le maréchal Baraguey-d'Hilliers rencontra des difficultés imprévues à Solferino. Les reconnaissances faites par les Piémontais avaient constaté la présence de forces ennemies considérables. Pendant que le maréchal Baraguey-d'Hilliers faisait des prodiges de valeur à Solferino, des masses ennemies s'avançaient sur Castiglione. L'empereur ne tarda pas à reconnaître qu'il allait avoir affaire à l'armée autrichienne tout entière; il fit déployer dans la plaine le corps d'armée du général Niel et celui du maréchal de Mac-Mahon, ordonnant au maréchal Canrobert de rejoindre la garde impériale placée en réserve sur les hauteurs.

« Le roi Victor-Emmanuel fut invité à diriger sur Solferino toutes les forces dont il pourrait disposer. Le roi s'empressa de donner l'ordre aux généraux. Fanti et Durando d'appuyer l'armée française. Le général Fanti avait déjà commandé un mouvement, lorsque la nouvelle arriva que les reconnaissances des 3e et 5e divisions piémontaises risquaient d'être coupées à Desenzano par un ennemi numériquement supérieur. Le roi rappela le général Fanti, et il ordonna à la brigade d'Aoste de revenir promptement à San-Martino.

« Pendant ce temps, le maréchal Baraguey-d'Hilliers, qui s'était emparé de Solferino, marchait sur Cavriana. Le roi, en étant informé, et bien qu'il fût difficile aux 3e et 5e divisions d'enlever la hauteur de San-Martino, ordonna l'attaque générale par ces divisions, renforcées de la brigade d'Aoste et de la 1re division, sous les ordres du général La Marmora, avec une brigade piémontaise.

« Malgré un violent orage, le général La Marmora se dirigea sur Pozzolengo, en descendant vers San-Martino; il fut attaqué du côté de Pozzolengo. Le 4e régiment et le 9e de tirailleurs, tournant par la gauche, repoussèrent l'ennemi, auquel notre artillerie fit éprouver des pertes considérables. Malgré le retard apporté à la marche du général Durando, tant par l'orage que par l'ignorance des guides, les 3e et 5e divisions et la brigade d'Aoste parvinrent à déloger l'ennemi de positions formidables. Une éclatante victoire couronna une bataille qui avait duré quinze heures, et dans laquelle les troupes engagées avaient déployé une constance héroïque et un ordre admirable.

« La perte des troupes piémontaises a été d'environ quatre mille hommes tués ou blessés. Les hauteurs ayant été occupées, les Français forcèrent l'ennemi à se retirer sur Goïto; il était battu sur toute la ligne. Il résulte de renseignements positifs que vingt-cinq mille hommes de troupes piémontaises ont tenu tête à cinquante mille Autrichiens, retranchés dans des positions avantageuses. »

L'empereur adressa à l'armée, le lendemain de la bataille, l'ordre du jour que voici :

« Soldats !

« L'ennemi croyait nous surprendre et nous rejeter au delà de la Chiese. C'est lui qui a repassé le Mincio.

« Vous avez dignement soutenu l'honneur de

la France, et la bataille de Solferino égale et dépasse même les souvenirs de Lonato et de Castiglione.

« Pendant douze heures, vous avez repoussé les efforts désespérés de plus de cent cinquante mille hommes. Ni la nombreuse artillerie de l'ennemi, ni les positions formidables qu'il occupait sur une profondeur de trois lieues, ni la chaleur accablante, n'ont arrêté votre élan.

« La patrie reconnaissante vous remercie par ma bouche de tant de persévérance et de courage; mais elle pleure avec moi ceux qui sont morts au champ d'honneur.

« Nous avons pris trois drapeaux, trente canons et six mille prisonniers.

« L'armée sarde a lutté avec la même bravoure contre des forces supérieures. Elle est bien digne de marcher à vos côtés.

« Soldats ! tant de sang versé ne sera pas inutile pour la gloire de la France et pour le bonheur des peuples. »

Le 25 juin, on écrivait de Cavriana :

« La journée d'hier a été marquée par une de ces batailles qui, si elles ne terminent pas la guerre, permettent du moins d'en pressentir la solution. L'empereur d'Autriche commandait en personne : il a pu voir de quelle nation il s'était fait l'ennemi.

« Les Autrichiens, en se retirant précédemment devant nous, se ménageaient un retour offensif. Leur retraite si décidée derrière le Mincio avait eu pour but de nous inspirer une confiance aventureuse, de laisser un vaste champ à la rapidité de nos mouvements, et d'exposer ainsi nos colonnes, éloignées les unes des autres par l'ordre de marche, à une attaque soudaine qui eût pu les affaiblir en les isolant. Mais heureusement l'empereur ne s'est pas départi de cette haute prudence qui domine jusqu'à son courage ; plus l'armée alliée avançait, plus nos colonnes se fortifiaient les unes les autres en se resserrant. »

C'eût été un grand malheur pour notre armée, et peut-être sa ruine, si, trop confiant dans cette retraite simulée, l'empereur n'eût pas cru devoir prendre toutes les précautions conseillées par la sagesse ; mais en revenant à l'improviste, les Autrichiens trouvèrent les Français tout prêts à les recevoir.

« L'empereur, dit une dépêche particulière

adressée à la *Patrie*, était arrivé à Castiglione à sept heures du matin, le 24 juin; il se rendit d'abord sur une éminence qui domine la ville et qui lui offrait un excellent point d'observation. Sa Majesté reconnut tout de suite que l'ennemi engageait une grande affaire.

« En effet, des masses considérables d'Autrichiens occupaient sur toutes les hauteurs des positions formidables, et la bataille était engagée sur une étendue de plus de cinq lieues, depuis le lac de Garde jusqu'à Guidizzolo. L'empereur monta immédiatement à cheval et se rendit à Solferino, accompagné de tout son état-major.

« C'est là que le combat avait lieu avec le plus d'acharnement. C'est également sur ce point que les efforts de l'armée se portèrent lors de la première victoire gagnée en 1796 par Augereau. Trois fois ce point important fut pris et repris; il fut enfin enlevé à la baïonnette, sous les yeux de l'empereur, par la division Forey.

« Les Piémontais, qui occupaient l'aile gauche, se sont admirablement battus. Les Autrichiens, qui avaient mis en ligne leurs meilleures troupes et qui avaient tenté un dernier effort, ont commencé à céder vers deux heures. La bataille avait commencé entre trois et quatre heures du matin. Les Autrichiens ont montré une grande énergie; leurs positions étaient très-habilement choisies. L'empereur François-Joseph commandait en personne et contribuait par sa présence à soutenir la valeur de ses troupes.

« Chassés de Solferino, les Autrichiens ont concentré tous leurs efforts sur notre droite, où la cavalerie eut occasion de donner avec un élan irrésistible. Notre infanterie et notre artillerie ont été admirables comme d'habitude. L'empereur a poussé le courage jusqu'à la témérité; électrisant les soldats par le sang-froid qu'il montre toujours, il s'engageait très-avant; il ne changeait jamais de position qu'au pas de son cheval, sous une pluie de balles et de boulets. Chacun frémissait de voir l'empereur s'exposer ainsi, et les soldats, pleins d'admiration pour cette audace, la regrettaient cependant tout haut.

« Sa Majesté est établie depuis hier dans la maison que l'empereur d'Autriche avait choisie lui-même pour sa résidence. L'ennemi a dû faire des pertes immenses. On n'a pu recueillir encore les renseignements nécessaires pour établir le chiffre de nos pertes, qui, quoique bien inférieures à celles des Autrichiens, sont cependant sensibles. Le général Auger est le seul de nos généraux qui soit blessé grièvement. L'empereur l'a nommé général de division sur le champ de bataille. »

Le brave général Auger, dont l'empereur s'était empressé de récompenser la valeur, ne jouit pas de cette récompense : les chirurgiens jugèrent indispensable la dangereuse opération de la désarticulation de l'épaule; mais le glorieux blessé ne put la supporter. Les généraux Forey, Ladmirault et Dieu, avaient aussi reçu, le premier une blessure légère, les deux autres des blessures graves. Le colonel Laure, des tirailleurs algériens, trouva la mort sur le champ de bataille. Deux jours auparavant, il écrivait de Castiglione au père d'un jeune sous-lieutenant tué à Buffalora les lignes suivantes :

« Cher monsieur et pauvre père, hélas! j'ai la profonde douleur de vous annoncer que votre cher enfant, l'un de mes meilleurs officiers, est mort en héros français et chrétien, emporté par un boulet autrichien, dans la matinée du 4 juin, vers midi, à l'attaque de gauche du village de Buffalora, quelques heures avant la bataille de Magenta.

« Pleurez, pauvre père! votre perte est irréparable; mais n'oubliez point que les héros sont des martyrs dont la place est marquée au ciel près de Dieu, et qu'un jour vous retrouverez là votre cher enfant pour ne plus le quitter. Si votre immense douleur peut être adoucie par une sympathie digne d'elle, sachez que je pleure avec vous la mort de Ferrat, et que tout mon régiment vous offre l'assurance des mêmes sentiments. »

Il nous semble que cette lettre si bonne et si chrétienne a dû consoler non-seulement celui à qui elle était adressée, mais aussi la famille du brave colonel qui l'avait écrite si peu de temps avant d'aller lui-même prendre place au milieu des martyrs.

« Encore une glorieuse journée que celle d'hier! écrivait un officier du 1er corps. La nouvelle vous en est déjà parvenue assurément à Paris. Je m'empresse de venir te rassurer en te disant que je suis toujours debout. Les Autrichiens m'ont encore manqué cette fois, et je t'assure que c'est par une protection toute providentielle; car nous avons fait une rude besogne.

« Ce n'est pas que cette bataille ait été plus meurtrière pour l'armée que celle de Magenta;

seulement mon bataillon a été plus exposé ici que là-bas, et le feu a duré beaucoup plus longtemps.

« Étant à Brescia, le 20 et le 21 courant, nous apprîmes que l'ennemi avait abandonné Montechiaro et Castiglione. En conséquence, nous marchâmes en avant avec l'empereur pour occuper ces positions.

« Le 24, nous arrivâmes à Castiglione, à six heures du matin, et nous trouvâmes une colonne de chez nous en train de se battre, à une demi-lieue de là, avec les Autrichiens, commandés par leur empereur en personne, qui, dit-on, leur avait promis de les mener le soir même dîner à Milan et le lendemain de nous noyer tous dans le Tessin.

« Inutile de te dire que leur armée était formidable.

« L'attaque, commencée à Solferino, situé près de Castiglione et du lac de Garde, sur un des forts mamelons de la chaîne des montagnes du Tyrol, ne se fit pas sans pertes sensibles de notre côté; car les deux régiments 91e et 98e de ligne, ainsi que le 17e bataillon de chasseurs (1er corps), avaient à lutter contre un corps dix fois supérieur en nombre, de plus avantageusement posté sur ce mamelon et retranché dans une forte tour qui en couronnait la crête.

« Les nôtres commençaient à se replier, écrasés par le nombre, lorsque le bataillon des chasseurs de la garde et les deux premiers régiments de voltigeurs, formant ensemble la 1re brigade (Manèque) de la 2e division (Camou), accoururent pour les secourir; à notre vue, ils se ruèrent de nouveau sur l'ennemi, qui fut culbuté et chassé de sa position. Nous le poursuivîmes la baïonnette dans les reins jusque dans le fond du ravin, où il y avait un autre village.

« La fusillade recommença par les fenêtres et les créneaux. C'est toujours dans ces occasions que nous perdons le plus de monde.

« Nous chassâmes néanmoins les Autrichiens de ce village et de six ou huit belles positions qu'ils occupaient sur les mamelons qui longent le lac de Garde.

« Plusieurs villages furent également enlevés.

« Enfin, à force de tirailler, nous avions usé toutes nos munitions, et nous n'avions plus pour défense que nos baïonnettes et les pierres qui nous tombaient sous la main.

« Nous en fîmes bon usage; mais l'ennemi, s'apercevant de cela, en profita pour soutenir un instant sa retraite. Alors les grenadiers et les zouaves arrivèrent se joindre à nous et soutinrent le feu avec l'artillerie, pendant que nous renouvelions nos munitions. Ceci aussitôt fait, nous poussâmes une charge, et ils se retirèrent sur le fort village de Cavriana; ils se retranchèrent encore dans les maisons et les clochers des églises, d'où, il faut dire la vérité, ils nous canardèrent d'importance; mais dès que nous fûmes au-dessus du mamelon sur lequel le village est encore situé, nous en fîmes un horrible carnage et les repoussâmes vers Peschiera.

« Pendant que l'infanterie de la garde principalement faisait de si beaux exploits dans la montagne, la cavalerie tout entière, qui s'est jointe à nous depuis quelques jours seulement, ne se montrait pas moins bien, dans la plaine, à notre droite, où elle battait la cavalerie autrichienne de la belle importance.

« L'empereur était au milieu de nous, allant d'un point à un autre, sans craindre la fusillade et les boulets de l'ennemi qui venaient jusqu'à lui. Il nous a encouragés pendant toute la journée, et nous avions besoin de cela; car nous étions éreintés de monter et de descendre en courant, depuis quatre heures du matin jusqu'à neuf heures du soir, et cela par une chaleur des tropiques, sans boire ni manger pendant tout ce temps.

« Aujourd'hui, comme à Magenta, il y a suspension d'armes pour enterrer les morts et ramasser les blessés.

« Nous avons fait une grande quantité de prisonniers et pris beaucoup de canons. De plus, nous avons toutes les bonnes positions et nous sommes sur le Mincio. Encore un ou deux coups de collier comme cela, et je crois qu'ils en auront assez.

« Cette victoire est plus belle encore que celle de Magenta, et l'ennemi, qui faisait tant de forfanteries la veille de l'affaire, doit être étrangement démoralisé. »

Toute l'armée fit preuve à Solferino d'une valeur et d'une constance admirables; mais les chasseurs et les voltigeurs de la garde se distinguèrent surtout à la prise des mamelons. M. Moneglia, lieutenant des chasseurs, s'empara de huit pièces de canon; le capitaine Lagorce, des voltigeurs, en prit cinq, et le caporal Montelier, des chasseurs de la garde, enleva un drapeau à l'ennemi. Un groupe d'Autrichiens se serrait autour de ce drapeau; le caporal Montelier fond sur eux à la baïonnette, les tue ou les disperse, s'avance jusqu'au porte-drapeau, l'étend mort à ses pieds et saisit le drapeau. Les Autrichiens reviennent vivement sur lui; il se défend avec un courage surhumain; quelques chasseurs voient le danger qu'il court, se précipitent à son aide et le dégagent, ainsi que sa précieuse proie.

Le général Forey reçut ce drapeau des mains du caporal et le présenta à l'empereur, en lui disant :

— Sire, voici un drapeau que vous offre un de vos soldats.

Le *Salut public* de Lyon publia une lettre écrite de l'ambulance par un soldat mutilé, lettre qui prouve avec quel courage exempt de forfanterie ces nobles victimes de la guerre savent supporter leur malheur :

« Mon cher ami, je vous écris couché et de la main gauche. Messieurs les Autrichiens ont bien voulu me prendre le bras droit; je suis manchot.

« Je n'ai pas eu de chance à Solferino. Je me battais de bon cœur : une balle vient me raser la poitrine. Le sang coulait.

« — Bon! me dis-je, ce n'est rien, continuons.

« Et je continuai à me battre. Une heure après, une autre balle me casse le bras droit.

« J'aurais bien voulu me battre encore; mais le sang coulait à flots, je me sentais défaillir.

« En me rendant à l'ambulance, je rencontre un médecin de mes amis. Il regarde ma blessure, et me dit :

« — Voilà un petit bras bien blanc qu'il faut couper; impossible de faire autrement.

« — Diable! répondis-je. Enfin.... puisqu'il le faut....

« Nous entrâmes dans la chambre d'une ferme où se trouvaient réunis plusieurs chirurgiens. On me fit asseoir. Cinq minutes après, je suis sorti avec un bras de moins.

« Je me suis couché sur la paille. J'ai fumé une pipe, en me disant :

« — Bon! me voilà à la retraite.

« Mes blessures vont bien. J'espère vous voir dans un mois. Écrivez-moi à l'hôpital Saint-Angelo, à Brescia.

« Adieu, je vous embrasse tous. »

On cite quelques traits d'héroïsme qui méritent d'être rapportés :

Un soldat, nommé Girard, s'élance sur une pièce de canon à laquelle on allait mettre le feu, il tue le servant; mais il est lui-même renversé par une balle qui lui traverse la cuisse.

Le caporal Ferrière, voyant qu'une batterie ennemie faisait de grands ravages dans les rangs des chasseurs, escalade avec ses hommes le plateau sur lequel cette batterie est établie; mais la mitraille l'atteint et lui fracasse le bras gauche.

— J'en mourrai, dit-il; mais c'est égal, je descendrai encore un de leurs officiers.

Il jette son fusil, tire son sabre, grimpe jusqu'à la batterie, et tue le capitaine qui la commandait; mais un autre officier autrichien accourt et lui brûle la cervelle d'un coup de pistolet.

X.

Bulletin officiel de la bataille de Solferino.

« Après la bataille de Magenta et le combat de Melegnano, dit le bulletin officiel de la bataille de Solferino, l'ennemi avait précipité sa retraite sur le Mincio, en abandonnant l'une après l'autre les lignes de l'Adda, de l'Oglio et de la Chiese. On devait croire qu'il allait concentrer toute sa résistance derrière le Mincio, et il importait que l'armée alliée occupât le plus tôt possible les points principaux des hauteurs qui s'étendent de Lonato jusqu'à Volta, et qui forment au sud du lac de Garde une agglomération de mamelons escarpés. Les derniers rapports reçus par l'empereur indiquaient, en effet, que l'ennemi avait abandonné ces hauteurs et s'était retiré derrière le fleuve.

« D'après l'ordre général donné par l'empereur, le 23 juin au soir, l'armée du roi devait se porter sur Pozzolengo; le maréchal Baraguey-d'Hilliers, sur Solferino; le maréchal duc de Magenta, sur Cavriana; le général Niel, sur Guidizzolo, et le maréchal Canrobert, sur Medole. La garde impériale devait se diriger sur Castiglione, et les deux divisions de cavalerie de la ligne devaient se porter dans la plaine entre Solferino et Medole. Il avait été décidé que les mouvements commenceraient à deux heures du matin, afin d'éviter l'excessive chaleur du jour.

« Cependant, dans la journée du 23, plusieurs détachements ennemis s'étaient montrés sur différents points, et l'empereur en avait reçu avis; mais comme les Autrichiens ont l'habitude de multiplier les reconnaissances, Sa Majesté ne vit dans ces démonstrations qu'un exemple de plus du soin et de l'habileté qu'ils mettent à s'éclairer et à se garder.

« Le 24 juin, dès cinq heures du matin, l'empereur, étant à Montechiaro, entendit le bruit du canon dans la plaine, et se dirigea en toute hâte vers Castiglione, où devait se réunir la garde impériale.

« Pendant la nuit, l'armée autrichienne, qui s'était décidée à prendre l'offensive, avait passé le Mincio à Goïto, Valeggio, Monzambano et Peschiera, et elle occupait de nouveau les positions qu'elle venait tout récemment d'abandonner. C'était le résultat du plan dont l'ennemi avait poursuivi l'exécution depuis Magenta, en se retirant successivement de Plaisance, de Pizzighettone, de Crémone, d'Ancône, de Bologne et de Ferrare, en évacuant, en un mot, toutes les positions, pour accumuler ses forces sur le Mincio. Il avait, en outre, accru son armée de la plus grande partie des troupes composant les garnisons de Vérone, de Mantoue et de Peschiera, et c'est ainsi qu'il avait pu réunir neuf corps d'armée, forts ensemble de deux cent cinquante à deux cent soixante-dix mille hommes, qui s'avançaient vers la Chiese, en couvrant la plaine et les hauteurs. Cette force immense paraissait s'être partagée en deux armées : celle de droite, d'après les notes trouvées après la bataille sur un officier autrichien, devait s'emparer de Lonato et de Castiglione; celle de gauche devait se porter sur Montechiaro. Les Autrichiens croyaient que toute notre armée n'avait pas encore passé la

Chiese, et leur intention était de nous rejeter sur la rive droite de cette rivière.

« Les deux armées, en marche l'une contre l'autre, se rencontrèrent donc inopinément. A peine les maréchaux Baraguey-d'Hilliers et de Mac-Mahon avaient-ils dépassé Castiglione, qu'ils se trouvèrent en présence de forces considérables, qui leur disputèrent le terrain. Au même instant le général Niel se heurtait contre l'ennemi à la hauteur de Medole. Le roi, en route pour Pozzolengo, rencontrait de même les Autrichiens en avant de Rivoltella, et, de son côté, le maréchal Canrobert trouvait le village de Castelgoffredo occupé par la cavalerie ennemie.

« Tous les corps de l'armée alliée étant alors en marche à une assez grande distance les uns des autres, l'empereur se préoccupa tout d'abord de les rallier, afin qu'ils pussent se soutenir mutuellement. A cet effet, Sa Majesté se porta immédiatement auprès du maréchal duc de Magenta, qui était à droite dans la plaine, et qui s'était déployé perpendiculairement à la route qui va de Castiglione à Goïto. Comme le général Niel ne paraissait pas encore, Sa Majesté fit hâter la marche de la cavalerie de la garde impériale, et la mit sous les ordres du duc de Magenta, comme réserve, pour opérer dans la plaine, sur la droite du 2e corps. L'empereur envoya en même temps au maréchal Canrobert l'ordre d'appuyer le général Niel autant que possible, tout en lui recommandant de se garder à droite contre un corps autrichien qui, d'après les avis donnés à Sa Majesté, devait se porter de Mantoue sur Azola.

« Ces dispositions prises, l'empereur se rendit sur les hauteurs, au centre de la ligne de bataille, où le maréchal Baraguey-d'Hilliers, trop éloigné de l'armée sarde pour pouvoir se relier avec elle, avait à lutter, dans un terrain des plus difficiles, contre des troupes qui se renouvelaient sans cesse.

« Le maréchal était néanmoins arrivé jusqu'au pied de la colline abrupte au sommet de laquelle est bâti le village de Solferino, que défendaient des forces considérables, retranchées dans un vieux château et dans un grand cimetière, entourés l'un et l'autre de murs épais et crénelés. Le maréchal avait déjà perdu beaucoup de monde et avait dû payer plus d'une fois de sa personne, en portant lui-même en avant les troupes des divisions Bazaine et Ladmirault. Exténuées de fatigue et de chaleur, et exposées à une vive fusillade, ces troupes ne gagnaient du terrain qu'avec beaucoup de difficulté. En ce moment, l'empereur donna l'ordre à la division Forey de s'avancer, une brigade du côté de la plaine, l'autre sur la hauteur, contre le village de Solferino, et la fit soutenir par la division Camou, des voltigeurs de la garde. Il fit marcher avec ces troupes l'artillerie de la garde, qui, sous la conduite du général de Sevelinges et du général Lebœuf, alla prendre position à découvert à trois cents mètres de l'ennemi. Cette manœuvre décida du succès au centre. Pendant que la division Forey s'emparait du cimetière et que le général Bazaine lançait ses troupes dans le village, les voltigeurs et les chasseurs de la garde impériale grimpaient jusqu'au pied de la tour qui domine le château et s'en emparaient. Les mamelons des collines qui avoisinent Solferino étaient successivement enlevés, et, à trois heures et demie, les Autrichiens évacuaient la position sous le feu de notre artillerie couronnant les crêtes, et laissaient entre nos mains quinze cents prisonniers, quatorze canons et deux drapeaux. La part de la garde impériale dans ce glorieux trophée était de treize canons et un drapeau.

« Pendant cette lutte, et au plus fort du feu, quatre colonnes autrichiennes, s'avançant entre l'armée du roi et le corps du maréchal Baraguey-d'Hilliers, avaient cherché à tourner la droite des Piémontais. Six pièces d'artillerie, habilement dirigées par le général Forgeot, avaient ouvert un feu très-vif sur les flancs de ces colonnes et les avaient forcées à rebrousser chemin en désordre.

« Tandis que le corps du maréchal Baraguey-d'Hilliers soutenait la lutte à Solferino, le corps du duc de Magenta s'était déployé dans la plaine de Guidizzolo, en avant de la ferme Casa-Marino, et sa ligne de bataille, coupant la route de Mantoue, dirigeait sa droite vers Medole. A neuf heures du matin, il fut attaqué par une forte colonne autrichienne, précédée d'une nombreuse artillerie, qui vint se mettre en bataille à mille ou douze cents mètres en avant de notre front. L'artillerie des deux premières divisions du 2e corps, s'avançant immédiatement sur la ligne des tirailleurs, ouvrit un feu très-vif contre le front des Autrichiens, et, dans le même instant, les batteries à cheval des divisions Desvaux et Partouneaux, se portant rapidement sur la droite, prirent d'écharpe les canons ennemis, qui furent ainsi réduits au silence et bientôt forcés à se reporter en arrière. Immédiatement après les divisions Desvaux et Partouneaux chargèrent les Autrichiens et leur firent six cents prisonniers.

« Cependant une colonne de deux régiments de cavalerie autrichienne avait cherché à tourner la gauche du 2e corps, et le duc de Magenta avait dirigé contre elle six escadrons de chasseurs. Trois charges heureuses de notre cavalerie repoussèrent celle de l'ennemi, qui laissa dans nos mains bon nombre d'hommes et de chevaux.

« A deux heures et demie, le duc de Magenta prit l'offensive à son tour et donna au général de la Motterouge l'ordre de se porter sur sa gauche, du côté de Solferino, pour enlever San-Cassiano et les autres positions occupées par l'ennemi.

« Le village fut tourné des deux côtés et emporté avec une vigueur irrésistible par les tirailleurs algériens et par le 45e. Les tirailleurs furent lancés aussitôt après sur le contre-fort principal qui relie Cavriana à San-Cassiano, et qui était défendu par des forces considérables. Un premier mamelon, couronné par une espèce de redoute, tomba rapidement au pouvoir des tirailleurs; mais l'ennemi, par un vigoureux retour offensif, parvint à les en déloger. Ils s'en emparèrent de nouveau, avec l'aide du 45e et du 72e, et en furent repoussés une fois encore. Pour soutenir cette attaque, le général de la Motterouge dut faire marcher sa brigade de réserve, et le duc de Magenta fit avancer son corps tout entier.

« En même temps, l'empereur donnait l'ordre à la brigade Manèque, des voltigeurs de la garde, appuyée par les grenadiers du général Mellinet, de se porter de Solferino contre Cavriana.

« L'ennemi ne put résister plus longtemps à cette double attaque, soutenue par le feu de l'artillerie de la garde, et, vers cinq heures du soir, les voltigeurs et les tirailleurs algériens entraient en même temps dans le village de Cavriana. En ce moment, une effroyable tempête, qui éclata sur les deux armées, obscurcit le ciel et suspendit la lutte; mais dès que l'orage eut cessé, nos troupes reprirent l'œuvre commencée et chassèrent l'ennemi de toutes les hauteurs qui dominent le village. Bientôt après, le feu de l'artillerie de la garde changeait la retraite des Autrichiens en une fuite précipitée.

« Pendant cette affaire, les chasseurs à cheval de la garde, qui flanquaient la droite du duc de

Magenta, eurent à charger la cavalerie autrichienne qui menaçait de le tourner.

« A six heures et demie, l'ennemi battait en retraite dans toutes les directions.

« Mais bien que la bataille fût gagnée au centre, où nos troupes n'avaient pas cessé de faire des progrès, la droite et la gauche restaient encore en arrière. Cependant les troupes du 4e corps avaient pris, elles aussi, une large et glorieuse part à la bataille de Solferino.

« Parties de Carpenedolo à trois heures du matin, elles se dirigeaient sur Medole, appuyées par la cavalerie des divisions Desvaux et Partouneaux, lorsque, à deux kilomètres en avant de Medole, les escadrons de chasseurs qui éclairaient la marche du corps rencontrèrent les uhlans. Ils les chargèrent avec impétuosité ; mais ils furent arrêtés par l'infanterie et l'artillerie ennemies qui défendaient le village. Le général de Luzy prit aussitôt ses dispositions d'attaque. Pendant qu'il faisait tourner Medole à droite et à gauche par deux colonnes, il s'avançait lui-même de front, précédé par son artillerie, qui canonnait le village. Cette attaque, exécutée avec une grande vigueur, eut un plein succès : à sept heures l'ennemi se retirait de Medole, et nous lui avions enlevé deux canons et fait bon nombre de prisonniers.

« La division Vinoy, qui suivait la division de Luzy, se porta, au sortir de Medole, dans la direction d'une maison isolée, nommée Casa-Nova, qui est située dans la plaine, sur la route de Mantoue, à deux kilomètres de Guidizzolo. L'ennemi se trouvait en forces considérables de ce côté, et un combat acharné s'y engagea, pendant que la division de Luzy marchait vers Ceresara d'une part et vers Rebecco de l'autre.

« En ce moment, l'ennemi tenta de tourner la gauche de la division Vinoy, par l'intervalle que laissaient entre eux le 2e et le 4e corps; il s'approcha jusqu'à deux cents mètres du front de nos troupes; mais il fut alors arrêté par le feu de quarante-deux pièces d'artillerie, dirigées par le général Soleille. Le canon de l'ennemi vint aussi prendre part à la lutte, et la soutint une grande partie de la journée, bien qu'avec une infériorité manifeste.

« La division de Failly arriva à son tour, et le général Niel, réservant la seconde brigade de cette division, porta la première entre Casa-Nova et Rebecco, vers le hameau de Baete, pour relier le général de Luzy au général Vinoy.

« Le but du général Niel était de se porter vers Guidizzolo, dès que le duc de Magenta se serait emparé de Cavriana, et il espérait couper ainsi à l'ennemi la route de Volta et de Goïto ; mais il fallait, pour exécuter ce plan, que les troupes du corps du maréchal Canrobert vinssent remplacer à Rebecco celles du général de Luzy.

« Le 3e corps, parti de Mezzane à deux heures et demie du matin, avait passé la Chiese à Viseno et était arrivé à sept heures à Castelgoffredo, petite ville enceinte de murs, que la cavalerie ennemie occupait encore. Tandis que le général Jannin tournait la position au sud, le général Renault l'abordait de front, faisait enfoncer la porte par les sapeurs du génie, et pénétrait dans la ville, en chassant devant lui les cavaliers ennemis.

« Vers neuf heures du matin, la division Renault, arrivée à la hauteur de Medole, se reliait sur sa gauche avec le général de Luzy, du côté de Ceresara, et sur sa droite faisait face à Castelgoffredo, de manière à surveiller les mouvements du corps détaché dont le départ de Mantoue avait été annoncé.

« Cette appréhension paralysa pendant la plus grande partie du jour le corps d'armée du maréchal Canrobert, qui ne jugea pas prudent de prêter tout d'abord au 4e corps l'appui que lui demandait le général Niel. Néanmoins, vers les trois heures après midi, rassuré sur sa droite, et ayant jugé par lui-même la position du général Niel, le maréchal Canrobert fit appuyer la division Renault sur Rebecco, et donna l'ordre au général Trochu de porter sa première brigade entre Casa-Nova et Baete, sur le point où se dirigeaient les plus redoutables attaques de l'ennemi. Ce renfort de troupes fraîches permit au général Niel de lancer dans la direction de Guidizzolo une partie des divisions de Luzy et de Failly. Cette colonne s'avança jusqu'aux premières maisons du village; mais, trouvant devant elle des forces supérieures établies dans une bonne position, elle fut contrainte de s'arrêter.

« Le général Trochu s'avança alors pour soutenir l'attaque avec la brigade Bataille, de sa division. Il marcha à l'ennemi par bataillons serrés, en échiquier, l'aile droite en avant, avec autant d'ordre et de sang-froid que sur un champ de manœuvres. Il enleva à l'ennemi une compagnie d'infanterie et deux pièces de canon, et déjà il était arrivé à demi-distance de la Casa-Nova à Guidizzolo, lorsque éclata l'orage qui vint mettre fin à cette terrible lutte, que le concours du 3e et du 4e corps menaçait de rendre si funeste à l'ennemi.

« Au milieu des péripéties de ce combat de douze heures, la cavalerie a été d'un puissant secours pour arrêter les efforts de l'ennemi du côté de la Casa-Nova. A plusieurs reprises, les divisions Partouneaux et Desvaux ont chargé l'infanterie autrichienne et rompu ses carrés. Mais c'est surtout notre nouvelle artillerie qui produisit sur l'ennemi les effets les plus terribles. Ses coups allaient l'atteindre à des distances d'où les plus gros calibres étaient impuissants à riposter, et jonchaient la plaine de cadavres.

« Le 4e corps a enlevé aux Autrichiens un drapeau, sept pièces de canon et deux mille prisonniers.

« De son côté, l'armée du roi, placée à notre extrême gauche, avait eu également sa rude et belle journée.

« Elle s'avançait, forte de quatre divisions, dans la direction de Peschiera, de Pozzolengo et de Madonna della Scoperta, lorsque, vers sept heures du matin, son avant-garde rencontra les avant-postes ennemis entre San-Martino et Pozzolengo.

« Le combat s'engagea; mais de gros renforts autrichiens accoururent et firent reculer les Piémontais jusqu'en arrière de San-Martino, et menacèrent même de couper leur ligne de retraite. Une brigade de la division Mollard arriva alors en toute hâte sur le lieu du combat, et monta à l'assaut des hauteurs où l'ennemi venait de s'établir. Deux fois elle en atteignit le sommet, en s'emparant de plusieurs pièces de canon; mais deux fois aussi elle dut céder au nombre et abandonner sa conquête.

« L'ennemi gagnait du terrain, malgré quelques charges brillantes de la cavalerie du roi, quand la division Cucchiari, débouchant sur le champ de bataille par la route de Rivoltella, vint soutenir le général Mollard. Les troupes sardes s'élancèrent une troisième fois sous un feu meurtrier; l'église et toutes les cascines de la droite furent emportées, et huit pièces de canon furent enlevées; mais l'ennemi parvint encore à les dégager et à reprendre ses positions.

« En ce moment, la 2e brigade du général Cucchiari, qui s'était formée en colonne d'attaque, à gauche de la route de Lugano, marcha contre l'église de San-Martino, regagna le terrain perdu et emporta les hauteurs pour la quatrième fois, sans réussir cependant à s'y maintenir ; car, écrasée par la mitraille et placée en face d'un ennemi qui, renforcé sans cesse, revenait sans cesse à la charge, elle ne put attendre le secours que lui apportait la 2e brigade du général Mollard, et les Piémontais, épuisés, firent retraite en bon ordre sur la route de Rivoltella.

« C'est alors que la brigade d'Aoste, de la division Fanti, qui s'était portée d'abord sur Solferino, pour donner la main au maréchal Baraguey-d'Hilliers, fut envoyée par le roi pour appuyer les généraux Mollard et Cucchiari dans l'attaque de San-Martino. Elle fut un moment arrêtée par la tempête ; mais, vers cinq heures du soir, cette brigade et la brigade Pignerol, soutenues par une forte artillerie, marchèrent à l'ennemi sous un feu terrible et atteignirent les hauteurs. Elles s'en emparèrent pied à pied, cascine par cascine, et parvinrent à s'y maintenir en combattant avec acharnement. L'ennemi commença à plier, et l'artillerie piémontaise, gagnant les crêtes, put bientôt les couronner de vingt-quatre pièces de canon, que les Autrichiens cherchèrent vainement à enlever. Deux brillantes charges de la cavalerie du roi les dispersèrent; la mitraille porta le désordre dans leurs rangs, et les troupes sardes restèrent enfin maîtresses des formidables positions que l'ennemi avait défendues une journée entière avec tant d'acharnement.

« D'un autre côté, la division Durando était restée aux prises avec les Autrichiens depuis cinq heures et demie du matin. A cette heure, son avant-garde avait rencontré l'ennemi à Madonna della Scoperta, et les troupes sardes y avaient soutenu jusqu'à midi les efforts d'un ennemi supérieur en nombre, qui les avait enfin obligées à se replier; mais renforcées alors par la brigade de Savoie, elles reprirent l'offensive, et, repoussant les Autrichiens à leur tour, elles s'emparèrent de Madonna della Scoperta.

« Après ce premier succès, le général de La Marmora dirigea la division Durando vers San-Martino, où elle ne put arriver à temps pour concourir à la prise de la position; car elle rencontra sur la route une colonne autrichienne avec laquelle elle eut à lutter pour s'ouvrir passage; et quand elle eût triomphé de cet obstacle, le village de San-Martino était au pouvoir des Piémontais. Le général de La Marmora avait dirigé, d'autre part, la brigade de Piémont, de la division Fanti, vers Pozzolengo. Cette brigade enleva avec une grande vigueur les positions de l'ennemi en avant du village, et, s'étant rendue maîtresse de Pozzolengo, après une vive attaque, elle repoussa les Autrichiens et les poursuivit jusqu'à une certaine distance en leur faisant éprouver de grandes pertes.

« Celles de l'armée sarde furent malheureusement très-considérables, et ne s'élevèrent pas à moins de quarante-neuf officiers tués, cent soixante-sept blessés, six cent quarante-deux sous-officiers et soldats tués, trois mille quatre cent cinq blessés, douze cent cinquante-huit hommes disparus; total, cinq mille cinq cent vingt-cinq manquant à l'appel. Cinq pièces de canon étaient restées aux mains de l'armée du roi, comme trophée de cette sanglante victoire qu'elle avait remportée contre un ennemi supérieur en nombre, dont les forces paraissent n'avoir pas été moindres de douze brigades.

« Les pertes de l'armée française se sont élevées au chiffre de douze mille hommes de troupes, tués ou blessés, et de sept cent vingt officiers hors de combat, dont cent cinquante tués.

« Parmi les blessés, on compte les généraux de Ladmirault, Forey, Auger, Dieu et Douay; sept colonels et six lieutenants-colonels ont été tués.

« Quant aux pertes de l'armée autrichienne, elles n'ont pu être estimées encore; mais elles ont dû être très-considérables, à en juger par le nombre des morts et des blessés qu'ils ont abandonnés sur toute l'étendue d'un champ de bataille qui n'a pas moins de cinq lieues de front. Ils ont laissé dans nos mains trente pièces de canon, un grand nombre de caissons, quatre drapeaux et six mille prisonniers.

« La résistance que l'ennemi a opposée à nos troupes, pendant seize heures, peut s'expliquer par l'avantage que lui donnaient la supériorité du nombre et les positions presque inexpugnables qu'il occupait.

« Pour la première fois, d'ailleurs, les troupes autrichiennes combattaient sous les yeux de leur souverain, et la présence des deux empereurs et du roi, en rendant la lutte plus acharnée, devait la rendre aussi plus décisive.

« L'empereur Napoléon n'a pas cessé un seul instant de diriger l'action, en se portant sur tous les points où ses troupes avaient à déployer les plus grands efforts et à triompher des obstacles les plus difficiles. A diverses reprises, les projectiles de l'ennemi ont frappé dans les rangs de l'état-major et de l'escorte qui suivait Sa Majesté.

« A neuf heures du soir, on entendait encore, dans le lointain, le bruit du canon qui précipitait la retraite de l'ennemi, et nos troupes allumaient les feux du bivouac sur le champ de bataille qu'elles avaient si glorieusement conquis.

« Le fruit de cette victoire est l'abandon par l'ennemi de toutes les positions qu'il avait préparées sur la rive droite du Mincio, pour en disputer les approches. D'après les derniers renseignements reçus, l'armée autrichienne, découragée, semblerait même renoncer à défendre le passage de la rivière et se retirerait sur Vérone. »

XI.

Correspondances particulières.

Après avoir lu dans le *Moniteur* l'exposé clair et succinct des événements, on revient encore aux correspondances particulières, parce qu'elles donnent des détails dans lesquels le bulletin officiel ne peut entrer, et qu'on y sent mieux palpiter les émotions du champ de bataille.

« Les Autrichiens, écrivait-on du bivouac de Cavriana le 25 juin, étaient venus prendre position sur les hauteurs de Solferino, et s'y étaient fortifiés de la manière la plus redoutable.

« Solferino était le centre de leur ligne, qui s'étendait du bord du lac de Garde jusqu'à Guidizzolo, environ seize kilomètres. Ils avaient une artillerie formidable, placée sur des positions inaccessibles et dominant les environs à de très-grandes distances.

« Enfin, toutes les précautions étaient parfaitement bien prises, et l'ennemi comptait sur une victoire facile et complète. Heureusement, ils avaient compté sans l'élan, l'agilité, le courage et l'énergie de nos petits fantassins, qui, n'hésitant pas un seul instant devant la difficulté, ont posé sac à terre et ont enlevé au pas de course les plus fortes positions.

« Le combat a commencé à quatre heures du matin ; nous partions à cette heure de Montechiaro, pour nous rendre à Castiglione ; des coups de canon se faisaient entendre en avant de nous sur notre droite et sur notre gauche ; la canonnade, sans être vive, était très-tenace ; et comme nous approchions du Mincio, nous pensions que c'était une arrière-garde autrichienne qui canonnait notre avant-garde.

« Ne connaissant pas les accidents de terrain que l'on rencontre en avant du Mincio, nous ne pouvions pas penser que l'ennemi, contre toutes les règles de l'art de la guerre, voudrait nous livrer une grande bataille, ayant un fleuve à dos, et s'exposer ainsi à y être jeté.

« Nous nous trompions : c'était bien une grande bataille; plus nous avancions, plus la canonnade devenait vive, à tel point qu'à notre arrivé à Castiglione, vers six heures du matin, il n'y avait plus à douter ; les proportions de la fusillade et de la canonnade indiquaient une grande résistance et que l'ennemi, en nombre, voulait nous arrêter au passage.

« Comme l'empereur arrivait en toute hâte de Montechiaro, on nous fit bivouaquer en avant de Castiglione, en attendant des ordres, avec recommandation expresse de ne pas s'écarter. Nos hommes se disposaient à faire le café ; déjà les feux étaient allumés et les marmites en fonctions; la marche du régiment se fait entendre.

« Aussitôt la division prend les armes, et nous voilà en route pour Solferino. Vous dire la distance et comment nous l'avons parcourue me serait chose assez difficile; tout ce que je sais, c'est qu'après environ deux heures de course à travers un pays coupé de ravins et de mamelons pénibles à grimper, nous sommes arrivés sur le lieu du combat.

« Nous avons fait sur un mamelon très-élevé une pause de quelques minutes, pour laisser souffler nos hommes ; et comme la position que nous occupions dominait toute la ligne de bataille, il nous a été facile de juger de son étendue et de la gravité de l'affaire. Voilà ce que nous avons vu :

« Les Piémontais, qui occupent toujours notre extrême gauche, étaient aux prises avec un corps d'armée autrichien considérable, qui cherchait à les couper de nous et à les refouler dans le lac; mais une batterie de pièces rayées qui, de notre position, a lancé des boulets et de la mitraille au milieu des masses ennemies, y a produit un grand désordre.

« Devant nous, c'était le fameux village de Solferino, qui, placé sur un mamelon isolé et dont les abords sont très-escarpés, ressemblait à une énorme citadelle vomissant un feu épouvantable; à notre droite, c'était une série de positions formidables, armées d'artillerie faisant feu de tous côtés.

« Toutes les positions de l'ennemi ont été successivement enlevées, et vers midi il commençait sa retraite dans le plus grand désordre; nous l'avons poursuivi jusqu'à huit heures du soir, en lui faisant éprouver de grandes pertes.

« Nous ne pouvons encore connaître le résultat de cette grande victoire. De nombreux prisonniers sont entre nos mains; ils s'accordent à dire que l'armée ennemie est entièrement démoralisée.

« Le champ de bataille était jonché de cadavres, le fameux village de Solferino surtout.

« L'ennemi, selon son habitude, a abandonné une grande quantité d'armes et de bagages pour fuir plus vite.

« Un orage épouvantable a éclaté vers les cinq heures du soir; la pluie a tombé à torrents; ce qui n'a pas ralenti la poursuite ni la canonnade.

« L'empereur Napoléon a commandé toute la journée, suivi l'affaire partout, à tel point qu'à cinq heures du soir il était à jeun. »

Voici une autre lettre adressée de Castiglione au *Courrier de Lyon*, le 25 juin :

« Je tâcherai de vous raconter fidèlement tout ce que j'ai vu de mes yeux dans cette journée célèbre, laissant à d'autres plus heureux le soin de combler les lacunes forcées de mon récit; car, avec la meilleure volonté du monde, on ne peut être partout sur le théâtre d'une pareille lutte, surtout quand on est à pied et à jeun depuis à peu près vingt heures. C'était là, du reste, le cas de la moitié de nos soldats.

« Au moment même où je quittais la plume hier matin, à cinq heures, le premier coup de canon se faisait entendre au loin dans la plaine, du côté de Medole, un petit village près de Guidizzolo, où l'ennemi était revenu pendant la nuit, après l'avoir évacué la veille en présence de l'avant-garde d'un de nos corps d'armée qui s'avançait dans cette direction. A ce bruit, les soldats du maréchal Baraguey-d'Hilliers et du duc de Magenta, qui défilaient à travers les rues de Castiglione pour se rendre à leur poste de combat, ont éprouvé comme une secousse électrique. Ils ont poussé un cri de joie, et quelques bataillons ont entonné le *Chant du Départ*.

« A cinq heures et demie, le maréchal Baraguey-d'Hilliers marchait tranquillement, la canne à la main, à la tête de ses troupes, quand tout d'un coup, à dix minutes à peine de Castiglione, il est accueilli par une volée de mousqueterie. Les avant-postes autrichiens, que j'avais vus la veille au soir dans ce même vallon, avaient profité de la nuit pour se glisser par là jusqu'aux portes de Castiglione.

« J'avais peine à croire à tant d'audace, en entendant, presque sous mes pieds et en arrière d'une butte que je m'étais hâté de gravir, ces premiers coups de feu, auxquels nos troupes répondirent par deux cris bruyants de Vive l'empereur ! suivis du pétillement de la fusillade qu'engagent immédiatement nos chasseurs à pied, déployés en tirailleurs sur le flanc de la colonne. En un clin d'œil, la grand'garde ennemie est repoussée, poursuivie et sabrée par nos chasseurs d'Afrique.

« Au même instant on voyait, du haut de la colline où j'étais, au centre de la ligne de bataille, les divisions piémontaises commencer la canonnade sur plusieurs points de notre aile gauche, entre les buttes de Castiglione et le lac de Garde, tandis qu'à notre extrême droite, en avant de Medole, le combat, commencé à cinq heures, s'animait de plus en plus. Partout on voyait, au bout d'une heure seulement, ces splendides campagnes, humides de rosée et éclairées par une riante matinée de la Saint-Jean, s'émailler de gros flocons de fumée blanche que la brise du matin dissipait bien vite.

« Dans la plaine, on commençait à apercevoir aussi, en arrière des nuages blancs de la canonnade, d'autres nuages roux formant de longues traînées dans diverses directions ; c'était la garde impériale, la cavalerie et tous les autres corps dispersés de notre armée, qui, à la voix du canon, accouraient de Montechiaro, de Lonato et de leurs autres cantonnements, pour prendre part à la bataille. Tel était l'avide empressement de toutes ces colonnes, électrisées par le bruit du combat, que plusieurs régiments d'infanterie, entre autres les voltigeurs de la garde, pesamment armés et équipés, soutenaient pendant deux heures le pas gymnastique le sac au dos.

« Mais revenons au centre, où l'action est plus vive et plus intéressante.

« Une grosse tour carrée, que j'avais vue s'entourer de masses de troupes autrichiennes, était bien effectivement le centre principal de la résistance ennemie. Mais la disposition des lieux, qu'il était impossible d'explorer, et la limpidité de l'atmosphère, m'avaient fait illusion sur la distance, aussi bien que sur les difficultés terribles de cette position. Elle avait été étudiée l'avant-veille, mais imparfaitement, à cause de l'éloignement, par plusieurs ascensions en aérostat qu'avait même troublées l'attaque audacieuse d'un détachement de cavalerie. Cette vieille tour, qui signale et défendait jadis le village de Solferino, est éloignée de près de huit kilomètres de Castiglione, soit que l'on suive les sinuosités de la route, soit, ce qui est pire encore, que l'on marche droit, en escaladant toutes les hautes buttes qui jalonnent cette distance.

« En effet, ces buttes ne forment pas, comme on pourrait le croire, vues de loin, une chaîne de collines avec une arête suivie et commune, mais une sorte de chapelet de grands mamelons de cent à deux cents mètres d'élévation, à pentes abruptes fort irrégulières, et séparés les uns des autres par des gorges profondes et resserrées, qu'il faut descendre et gravir successivement.

« Cette série de positions militaires, dont je ne fais qu'indiquer le caractère essentiel, en négligeant une foule de détails accessoires, s'étend en serpentant entre la grande plaine de Medole à droite et un vallon à gauche, lequel, en remontant vers Solferino, s'ouvre largement et finit par se confondre avec la vaste plaine onduleuse que l'on voit s'étendre au loin jusqu'aux bords du lac de Garde. La tour de Solferino est le point culminant de ce chapelet de hauteurs escarpées, qui s'abaisse en arrière, vers le sud, en monticules insignifiants.

« En suivant ces hauteurs, on a constamment sous les yeux cette double plaine où se mouvaient les deux ailes des armées en présence, réglant leurs mouvements d'après ceux de leurs centres respectifs, qui se disputaient la butte avec acharnement.

« Mais malgré l'obstination des Autrichiens, qui s'étaient préparé de longue main ce champ de bataille, dont ils connaissaient tous les détours et tous les accidents de terrain, nos soldats, d'abord en petit nombre, car on n'avait pas voulu attendre de renfort, chassèrent cependant l'ennemi tambour battant, et sans s'arrêter, sans faire un seul pas en arrière, de Castiglione jusqu'au pied de la grande butte de Solferino.

« Ce fut quelque chose d'admirable que de voir l'entrain héroïque et joyeux avec lequel tous ces braves gens escaladèrent ainsi, au pas de charge, tambours battant, clairons sonnant, au cri de Vive l'empereur ! ou au bruit de formidables hourras, à travers les balles, les boulets et les fusées, cinq ou six hautes collines, que les Autrichiens finissaient toujours par abandonner, pour ne pas être coupés par les colonnes latérales qui menaçaient les gorges de séparation.

« Il faudrait des volumes pour vous raconter tous les détails de ces diverses scènes de combats. Nos chasseurs d'Afrique caracolaient sur les flancs des hauteurs, impatients de prendre part au combat, et sabrant, faute de mieux, tous les uhlans qu'ils rencontraient dans les bas-fonds. L'artillerie grimpait au galop sur la pente presque impraticable des pitons évacués, pour y établir des batteries qui écrasaient les canons ennemis, puis elle redescendait presque aussitôt la pente opposée, pour se reporter en avant, non sans renverser quelquefois, comme je l'ai vu arriver, ses pièces, ses chevaux et ses conducteurs, sens dessus dessous au fond des ravins. Mais les conducteurs se relevaient gaillardement, se secouaient, fouettaient leurs chevaux, retournaient leurs petits canons légers, et repartaient plus rapides qu'auparavant.

« Pendant que le combat poursuivait ainsi son

cours au centre, la canonnade redoublait à gauche, où l'on distinguait clairement deux points principaux d'opérations distinctes, mais simultanées : d'abord le canon de Garibaldi, tout au bord du lac de Garde, près de Peschiera, entourée de fumée ; puis, au milieu de la plaine mamelonnée, entre le corps des chasseurs des Alpes et notre gauche, mais ouvrant dans les vallons, l'armée sarde avançant à peu près du même pas que notre centre.

« A droite, la canonnade grondait avec force, vers sept heures du matin, dans la plaine, au delà du village de Medole, loin duquel l'ennemi avait été de nouveau chassé. A la fumée blanche de la poudre on voyait se mêler par moments de longs tourbillons de poussière rousse, soulevés par de formidables charges de cavalerie sur les colonnes d'infanterie, serrées en masses noires et profondes.

« Et cependant toutes les réserves n'étaient pas encore entrées en ligne ; car, de tous côtés, on apercevait les routes couvertes de troupes convergeant vers le lieu de l'action, soit pour nous, soit pour l'ennemi.

« A huit heures, la bataille était dans toute sa

fureur, sur toute la ligne courbe de cinq lieues qu'elle décrivait à travers les deux plaines et la chaîne de coteaux qui les sépare. Comme le centre était avancé plus que les ailes, il se trouvait à demi entouré par ce colossal demi-cercle de feu et de fumée. On sentait, à la lettre, la terre ébranlée, jusqu'au sommet des collines, par la violence des détonations de ce feu roulant d'artillerie, auquel on voyait se mêler, à l'extrême droite, presque derrière nous, une longue ligne de feu de mousqueterie.

« Ce spectacle, vu des hauteurs, était tellement beau et entraînant, qu'une troupe de gens du pays, et surtout de braves citadins de Castiglione, curieux de voir pour qui allait se déclarer la victoire, avaient suivi d'assez près le mouvement des divisions du maréchal de Mac-Mahon sur les buttes. Mais, au moment le plus intéressant de l'action, un boulet perdu vient siffler au-dessus de leurs têtes, les fait tous jeter à plat ventre et fuir ensuite à toutes jambes, aux rires des Français, moins chatouilleux des oreilles. On ne les a plus revus.

« Du reste, d'autres piquants épisodes se mêlaient à cette scène terrible. En traversant un ravin, à la suite d'un de nos bataillons, à mi-chemin de Solferino, je vois un gros lièvre s'élancer de son gîte, tout effaré par le bruit de cette chasse formidable qui ne le regarde pas; un peu plus loin ce sont deux cailles qui partent d'entre les jambes d'un chasseur de Vincennes affamé, qui avait bien autre chose à faire que d'ajuster le gibier, qu'il eût cependant mis volontiers dans son sac. Ailleurs, une vieille bergère, à demi folle de terreur, accourt vers moi en me montrant un boulet qui venait de s'enfoncer en terre, à côté d'elle et de sa chèvre, et, en même temps, elle imite de la voix le sifflement et le bruit sourd du projectile frappant le sol; sans cet échantillon de la guerre, elle ne se serait seulement pas doutée de la nature du fracas assourdissant qui se faisait autour de ces paisibles pâturages.

« A huit heures, la marche rapide et victorieuse des maréchaux Baraguey-d'Hilliers et de Mac-Mahon avait conduit leurs corps d'armée, côte à côte, jusqu'en face et au pied du dernier coteau, le plus élevé et le plus important, au sommet duquel s'élevaient l'église du village et la grosse tour carrée de Solferino, clef de toute la position ennemie.

« Nos troupes s'élancent de nouveau par un dernier effort, croyant emporter ce poste comme les précédents ; elles sont repoussées par un feu diabolique d'artillerie et de mousqueterie, partant de tous les ravins, de tous les retranchements qui hérissent le sommet de la montagne, et auquel se mêle le sifflement sinistre de centaines de fusées, à longue queue blanche et à tube de fonte éclatant dans les airs.

« On rend à l'ennemi mousqueterie pour mousquerie, canonnade pour canonnade, et des milliers d'obus et de boîtes à balles, qui répandent la mitraille sur sa tête, en échange de ses fusées meurtrières. Mais rien n'y fait. Nos soldats reculent pour la première fois. Avec étonnement, on les voit redescendre précipitamment les pentes qu'ils ont gravies. Ils reviennent immédiatement à la charge, entraînés par leurs officiers et les plus intrépides d'entre eux ; ils sont encore repoussés. Cependant quelques chasseurs à pied demeurent accrochés aux crêtes des ravins et couchés à plat ventre. Derrière cet abri, ils engagent une fusillade inégale contre des batteries ou des obstacles invisibles, dont personne ne peut se rendre compte de loin.

« Un troisième assaut, plus terrible, plus général que les deux précédents, amène une masse de troupes sur un plan incliné, que l'on distingue parfaitement près du sommet, et qui semble monter tout droit, en face de nous, vers l'église et la tour. Les plus agiles chasseurs grimpent même sur un talus escarpé et boisé qui se dresse à droite de cette espèce d'esplanade en pente, et dont la pointe aiguë semble dominer un piton planté de grands cyprès. A côté de la tour on entend sonner le clairon et les tambours battre la charge, que les hommes accompagnent de hourras africains; une colonne de zouaves, de chasseurs à pied, de soldats du 21e et du 61e, se précipite de nouveau vers le point culminant du plan incliné, soutenue par une charge simultanée des chasseurs d'Afrique, qui lancent leurs chevaux au galop, dans la même direction, sur une route tracée à gauche de l'esplanade.

« Vains efforts! En touchant le fatal sommet, la colonne se débande encore et redescend en désordre jusqu'à la moitié de la longueur de ce champ de carnage, où elle s'abrite au pied du talus boisé de droite, qu'un petit nombre de tirailleurs est parvenu à couronner.

« Il est temps d'expliquer la raison de cette résistance forcenée des Autrichiens dans leur position savamment choisie et si bravement défendue, qu'un instant on put douter de la victoire.

« La montagne de Solferino présente dans son ensemble une forme allongée, resserrée entre les deux plaines de l'est et de l'ouest, qui bordent ses pentes latérales excessivement marquées, formées par des talus de terre graveleuse, couverts de gazons et de petits chênes. La face antérieure qui regarde la dernière butte que nos troupes avaient emportée en venant de Castiglione est peut-être encore plus abrupte; mais une route, quoique assez mauvaise, facilite l'ascension de ce côté.

« A peu près aux deux tiers de la hauteur totale de la montagne, en montant par la route, on trouve à gauche une esplanade naturelle, large d'environ soixante mètres, plantée en vignes et maïs, et qui s'élève en pente plus douce vers le plateau supérieur. A droite de ce plan incliné se dresse un énorme talus presque à pic et tapissé de broussailles, qui forme la crête du coteau.

« Voilà ce que l'on voit du sommet de la colline antérieure; mais ce qu'on ne peut deviner, c'est que ce plan incliné en pente douce et le talus aigu de la droite, qui semblent conduire au pied de la tour, de l'église et du piton des cyprès, en sont séparés par un profond ravin, en forme d'entonnoir, au fond duquel se cachent les maisons du village. Arrivée au bord de cet entonnoir, la route contourne son côté oriental sur une étroite chaussée, que supportent des murailles de soutènement, et qui, après un long circuit, aboutit à la porte crénelée d'un vieux château.

« Cette porte s'ouvre sur une immense cour intérieure au fond de laquelle s'élève l'église, avec son curieux dôme de style mauresque. La face orientale de la cour, du reste entourée de bâtiments, donne sur un précipice de plus de deux cents mètres de profondeur, bordé par un mur à hauteur d'appui, qui permet de jouir de la vue magique du lac de Garde, de ses îles et de ses hautes montagnes.

« Derrière la cour, un étroit sentier conduit au pied même de la vieille tour carrée. Achevant ensuite de contourner l'entonnoir du village, il s'arrête au piton des cyprès, où est le cimetière, lequel est séparé du plateau antérieur de la montagne par une large brèche, comme serait la cassure du bord d'un grand vase. En arrière du château, de l'église et du piton des cyprès, existe un dernier ravin très-profond, qui se creuse entre Solferino et les derniers mamelons inférieurs de la chaîne de collines.

« Maintenant, si j'ai réussi à représenter à l'esprit du lecteur les principaux accidents de terrain de cette formidable position militaire, on comprendra l'insuccès des premiers efforts de nos colonnes, qui venaient s'arrêter court au bord de l'entonnoir du village de Solferino, qui s'écrasaient en désordre à l'entrée de l'étroit défilé du chemin semi-circulaire, où elles étaient broyées par les batteries ennemies construites tout autour de ce ravin, au pied de la tour et sur le piton du cimetière. La surprise se joignait à l'extrême difficulté des lieux, pour assurer la victoire aux défenseurs du château.

« Un quatrième, un cinquième assaut sont livrés et repoussés comme les précédents, après de longues fusillades qui épuisent les cartouches de nos soldats. L'empereur, étonné, alarmé d'une résistance aussi inattendue qu'opiniâtre, veut examiner les lieux en personne et conduire les troupes au combat; il a une épaulette emportée par une balle; un de ses cent-gardes est tué à ses côtés; ses généraux l'entraînent en arrière. Les soldats, électrisés par cet exemple, et d'ailleurs à bout de munitions, font alors un effort suprême et désespéré, que seconde une puissante diversion sur le flanc droit et que favorise encore mieux une pièce de canon qu'à force de dévouement, les artilleurs sont venus à bout de hisser au sommet du talus de droite, qui domine l'entonnoir, le chemin et la porte du château. Tous les débris des corps qui ont déjà donné se massent en colonne, sans ordre de compagnie ou d'uniforme : zouaves, chasseurs, grenadiers, voltigeurs, fantassins de tous régiments, mêlés ensemble, se rangent en bataille sous le commandement des premiers officiers venus. Les voltigeurs de la garde, stationnés en arrière, à l'abri du grand talus, forment la réserve.

« Tout d'un coup, à midi et demi, les tambours, les clairons sonnent la charge; toute cette masse furieuse se jette en avant à la baïonnette, en poussant le cri de Vive l'empereur! mêlé à des hourras étourdissants. Cette fois, rien ne peut plus arrêter le torrent : le chemin est balayé, les batteries sont emportées, la porte du château est enfoncée, ses défenseurs sont massacrés ou traqués dans un coin; sommés de se rendre, ils refusent; on en tue encore une douzaine sous leurs yeux; les autres déposent les armes. Pendant cette rapide exécution, la tour était enlevée, aussi bien que le piton du cimetière, et le village était saccagé à discrétion. Inutile de dire que ses habitants avaient fui depuis la veille.

« Vous dire l'effet produit par ce dernier assaut, quand on vit, du coteau en face, cette fourmilière de soldats grimper avec un élan irrésistible, et de toutes parts à la fois, sur les crêtes les plus inaccessibles de Solferino, et en éteindre subitement le feu, serait impossible. Ce ne fut, dans tous les corps témoins de ce fait d'armes et groupés autour de la montagne, qu'un immense cri d'enthousiasme.

« On venait enfin de triompher de cette forteresse redoutable de Solferino, où s'était arrêté pendant cinq heures l'élan d'une armée qui venait de conquérir, au pas de course, deux lieues de terrain rempli de difficultés. Désormais la victoire était assurée, complète et définitive. »

Un officier du corps d'armée du maréchal de Mac-Mahon écrivait le 27 juin :

« Nous sommes à deux lieues de Peschiera et à

une lieue et demie du Mincio. Nous allons probablement attendre le matériel de siége pour attaquer cette place, et nous sommes sans doute appelés à rester comme corps d'observation. Nous sommes assez mal installés dans d'affreuses maisons de paysans, d'où nous avons tout fait enlever, et nous couchons sur la paille, poursuivant un repos bien nécessaire après la rude journée du 24. Ç'a été une belle et grande bataille dans toutes les règles, commencée à cinq heures du matin et qui durait encore à sept heures du soir: lorsque nous étions déjà maîtres partout, les Piémontais se battaient encore à neuf heures du soir.

« La journée a été rude: nous avons été successivement grillés, rôtis, fusillés, inondés, et nourris de poussière pour tout aliment solide. Quel régime! et avec cela on se porte généralement bien. Le jour de la bataille, on aurait bien donné de 20 fr. à 100 écus d'un verre de vin, selon les moyens de chacun, et nous n'avions pas une goutte d'eau, même pour les malheureux blessés, que l'on ne pouvait panser et qui étaient inondés de sang.

« Les Autrichiens comptaient sur une grande victoire; ils retournaient à Milan et ne devaient plus s'arrêter qu'à Pavie. Ils disaient partout que

Cavriana serait notre Waterloo. Leurs meilleures troupes ont été engagées; nous connaissons les résultats généraux, et le règlement des comptes donnera bien des déceptions d'un côté, bien de la confiance de l'autre. Tout est calme autour de nous; rien ne paraît plus de ce grand drame depuis que nous avons fui le champ de bataille, qui commençait à devenir malsain.

« Les cadavres des hommes et des chevaux sont restés trente-six heures sans pouvoir être enterrés, et encore un grand nombre ne le seront-ils jamais. Nous en avons trouvé une foule étendus dans les fossés de la route; personne ne s'en occupait. Le général Gault a passé la nuit, après la bataille, sur un peu de foin, dans la cour d'une ferme servant d'ambulance. J'étais couché près de lui; nous étions entourés de cadavres; entre nous deux se trouvait un pauvre capitaine du 61e, que nous croyions endormi; il était mort. Ce n'est que le lendemain que nous nous en sommes aperçus. Il y en avait tant d'autres! »

Un officier d'état-major rend ainsi compte de l'orage survenu pendant la bataille de Solferino :

« Vers six heures, les Autrichiens nous ont un peu échappé, à la faveur de l'ouragan le plus effroyable qui se puisse voir. Il y avait beaucoup de poussière, ce qui nous était très-commode pour suivre les mouvements de l'ennemi; mais tout à coup l'horizon s'est obscurci derrière nous, et il nous est arrivé un nuage compacte de poussière poussée par un vent effroyable, qui portait des cailloux gros comme des noisettes. On n'y voyait pas à trois pas. Il fallait se cramponner pour tenir à cheval; les arbres volaient en morceaux. De part et d'autre on dut cesser le combat.

« C'était une scène pleine d'émotion : au milieu des cadavres qui couvraient le sol, entourés d'un nuage épais et rouge, on voyait les chevaux effrayés se cramponner sur leurs pieds et coucher leurs oreilles. Le canon avait cessé, on n'entendait que les hurlements de la tempête. Après est venue une pluie torrentielle poussée avec la même violence.

« Au bout d'une demi-heure, la nature s'est calmée; mais le tonnerre éclatait avec un bruit effroyable; on commençait à revoir clair. Aussitôt l'artillerie a joint son fracas à celui de la foudre. C'était bien beau, ce spectacle des hommes et de la nature confondant leur colère! »

Mégard et Cie — France et Italie.

Entrevue des deux Empereurs à Villafranca.

XII.

L'armée française à Valeggio. — Conclusion d'un armistice. — Entrevue des deux empereurs. — Paix de Villafranca. — Entrée des troupes françaises à Paris.

La grande victoire de Solferino ayant eu pour résultat l'abandon par les Autrichiens de toutes les positions voisines du Mincio, l'armée française passa le fleuve sans difficulté. L'empereur, qui avait porté d'abord son quartier général de Cavriana à Volta, l'établit ensuite à Valeggio. Les Piémontais investirent Peschiera et en poussèrent vivement le siége. Le canon grondait jour et nuit dans cette direction ; on creusait des tranchées sans être trop incommodé par l'artillerie de la place, et les sorties tentées par les assiégés étaient repoussées.

Peschiera, située à l'embouchure du Mincio, au bord du lac de Garde, n'a que quinze cents habitants. Sa citadelle n'est pas très-forte, et les Piémontais, s'étant saisis de deux hauteurs sur lesquelles ils avaient établi des batteries, répondaient de s'emparer de la place. Le siége de Mantoue était réservé au corps d'armée du prince Napoléon, et le gros des troupes françaises devait, selon toute apparence, entreprendre celui de Vérone. Garibaldi et ses volontaires occupaient la Valteline, pour s'opposer au passage des renforts autrichiens qui pourraient venir par le Tyrol. En outre, la flotte française s'approchait de Venise, prête à concourir efficacement à la conquête de la haute Italie.

L'armée française, massée à Valeggio, attendait le moment de recommencer à combattre. Nous ne pouvons mieux faire, pour donner une idée de sa situation, que de reproduire la lettre suivante, publiée par la *Patrie* :

« Plus nous allons, et plus rudes deviennent les épreuves de l'armée. Les nécessités de la guerre nous ont amenés et nous retiennent à Valeggio, une bourgade de cinq à six mille âmes, sans commerce, sans industrie, deux fois ruinée déjà par le passage des vaincus et des vainqueurs. Juchée sur une hauteur, elle offre au touriste un aspect agréable et pittoresque. Les vivres ne manquent pas aux troupes, grâce à l'activité prévoyante de l'administration et au zèle intéressé des *mercanti* (marchands) autorisés à suivre l'expédition; mais l'eau manque.

« Les quelques puits publics ou particuliers qui fournissent d'ordinaire aux besoins de la population ne donnent plus guère qu'une espèce de boue épaisse et nauséabonde. Vous figurez-vous cinquante à soixante mille soldats courant les rues, leurs bidons à la main, entrant dans les maisons, franchissant les murs des jardins pour atteindre ces puits tant désirés, s'assemblant là par centaines et attendant que la source souterraine ait filtré goutte à goutte un litre ou un verre d'eau saumâtre? Cette triste recherche dure depuis l'aube jusqu'au milieu de la nuit; on trouve plus aisément du vin que de l'eau; le vin pourtant ne saurait suppléer à l'eau dans les usages de la cuisine. Il faudra bientôt, je le crains, que ces pauvres gens fassent trois quarts de lieue pour aller jusqu'au Mincio; c'est là déjà qu'on doit conduire les chevaux pour les baigner et les faire boire.

« Il faut voir cette route raide et poudreuse qui mène au bord du fleuve! Tout le jour c'est un spectacle qui serait comique, s'il n'était désolant; piétons, chevaux, voitures s'y pressent, s'y heurtent, se bouchent réciproquement le passage; ce sont des cris, des jurons, des coups de fouet, des grincements de roues, des piétinements d'hommes et de chevaux, et au milieu de tout ce tumulte, au milieu de cette poussière fine et sèche, sous un ardent soleil, on entend des lazzis et des éclats de rire; car, malgré toutes ses souffrances, le soldat français ne ment ni à son caractère ni à sa réputation de bonhomie et de gaîté. Il s'impatiente, il se fâche; mais tous ses murmures, toutes ses colères se terminent en chansons et en quolibets; et lorsqu'on est près de s'attendrir sur son malheureux sort, on se laisse tout d'un coup gagner et dérider par son imperturbable jovialité. Cette force morale le garde en santé au milieu de toutes ses privations. C'est vraiment un miracle de le voir toujours gaillard et alerte dans les conditions hygiéniques les moins favorables.

« Quant aux habitants du pays, ils sont peut-être plus à plaindre que nos troupiers. D'abord, ils ont le mal de la peur, qui est sans doute un mal sans remède, puisqu'il résiste aux meilleurs traitements, à la douceur et à la bonté. Ces infortunés n'ont plus littéralement un radis à se mettre sous la dent; et comme ils sont craintifs et apathiques, ils ne savent pas se créer des ressources par un surcroît d'activité. Ils mourraient de faim, si nous ne les nourrissions, si la bande intrépide des petits commerçants qui suivent l'armée n'apportait des subsistances dans leur ville. Blottis dans leurs masures, ils se croisent les bras comme les fatalistes musulmans et attendent, en se serrant le ventre et en priant Dieu, que le fléau de l'invasion amie se soit éloigné de leurs demeures.

« Dans ces circonstances exceptionnelles, le moindre débitant français se multiplierait et ferait sa fortune; les marchands italiens ferment leurs portes et leurs fenêtres. Aussi quelle détresse sous ces toits muets! Hier, nous avons improvisé et préparé nous-mêmes un dîner frugal, mais sain, composé d'une soupe à l'oignon, de deux poulets très-jeunes et d'une salade. L'un de nous logeait chez de petits propriétaires du pays, gens à l'aise et vivant sur leur bien. Ils nous avaient cédé leur cuisine; et si nous ne leur avions pas offert les reliefs de notre table, ils se seraient couchés avec une tranche de polenta sur l'estomac. Depuis treize jours, ils n'ont pas mangé de pain. Le puits qui est dans leur jardin est à sec; dans leur cour, un pauvre âne brait d'une façon lamentable; il est à jeun depuis cinq jours; et quand réparera-t-il ce retard? Dieu seul le sait. Tout le fourrage est réservé aux chevaux de notre armée; encore ces chevaux même mangent-ils plus de maïs que de foin; mais, malgré tout, ils sont en bon état. »

Telle était la situation de l'armée, lorsque le 5 juillet, vers neuf heures du matin, un parlementaire, fils du général Urban, vint, de la part de l'empereur François-Joseph, trouver Napoléon III. On peut se faire une idée de la curiosité avec laquelle nos troupes virent passer, traînée par deux beaux chevaux et conduite par un cocher en livrée, la calèche qui portait le jeune capitaine autrichien. Un trompette, porteur d'un drapeau blanc, se tenait sur le siége. La voiture traversa les lignes françaises sans qu'on songeât à bander, suivant l'usage, les yeux du parlementaire. On pouvait d'ailleurs lui laisser voir sans crainte notre belle armée, toute fière de ses triomphes et déjà impatiente de courir à de nouvelles victoires.

La vue du jeune officier donna lieu à bien des suppositions ; personne ne sut d'abord quel message il apportait ; mais on apprit ensuite qu'il était venu pour traiter de l'échange des prisonniers et pour réclamer le corps du prince de Windisch-Graetz, qui avait succombé à Solferino.

Deux jours après, une suspension d'armes se concluait entre l'empereur des Français et l'empereur d'Autriche, et le 11 juillet, le *Moniteur* rendait compte en ces termes des motifs qui avaient amené cet armistice :

« Des communications étaient échangées entre les trois grandes puissances neutres, en vue de se mettre d'accord pour offrir leur médiation aux belligérants. Le premier acte de cette médiation devait tendre à la conclusion d'un armistice ; mais, malgré la rapidité des transmissions télégraphiques, l'entente à établir entre les cabinets ne permettait pas que ce résultat fût obtenu avant quelques jours. Cependant les hostilités de notre flotte contre Venise allaient s'ouvrir, et une nouvelle lutte de nos armées devant Vérone pouvait s'engager à tout instant.

« En présence de cette situation, l'empereur, toujours fidèle aux sentiments de modération qui ont constamment dirigé sa politique, préoccupé d'ailleurs, avant toute chose, du soin de prévenir toute effusion de sang inutile, n'a pas hésité à s'assurer directement des dispositions de l'empereur François-Joseph, dans la pensée que, si ces dispositions étaient conformes aux siennes, c'était pour les deux souverains un devoir sacré de suspendre dès à présent des hostilités qui pouvaient devenir sans objet par le fait de la médiation.

« L'empereur d'Autriche ayant manifesté des intentions analogues, des commissaires nommés de part et d'autre se sont réunis pour arrêter les clauses de l'armistice, qui a été définitivement conclu le 8 juillet, et dont la durée a été fixée à cinq semaines. »

La nouvelle de l'armistice fut accueillie par toute l'Europe comme une promesse de paix ; cependant l'empereur eut soin d'engager les Français à ne pas s'arrêter à cette pensée, et, en annonçant aux troupes d'Italie son départ pour la France, il leur promit de revenir prendre place à leur tête, dès que l'heure des combats aurait sonné de nouveau.

Après la conclusion de l'armistice, les deux empereurs convinrent d'une entrevue, dans l'espoir sans doute d'arranger mieux et plus vite leurs affaires en les traitant eux-mêmes qu'en laissant ce soin à la diplomatie européenne.

Villafranca était le lieu du rendez-vous. L'empereur des Français y arriva le 11 juillet, à huit heures et demie du matin, accompagné du maréchal Vaillant, du général Martimprey, des cent-gardes, d'un escadron des guides et de toute sa maison militaire. L'empereur d'Autriche devait se trouver à Villafranca à neuf heures ; Napoléon III, par une courtoisie qui sied bien au vainqueur, sortit de la ville et s'avança sur la route de Vérone à la rencontre de François-Joseph. Dès que celui-ci aperçut son heureux adversaire, il quitta son escorte et accourut vers lui. L'empereur des Français tendit la main au jeune souverain de l'Autriche ; ils échangèrent quelques mots, puis Napoléon présenta le maréchal Vaillant et quelques personnes de sa suite à François-Joseph, qui les salua de la tête, et les deux empereurs continuèrent leur route vers Villafrança.

On avait préparé pour les recevoir une maison dans laquelle l'empereur d'Autriche avait passé une nuit avant la bataille de Solferino. Cette maison, qui appartient à M. Carlo Gandini Morelli, est située dans la principale rue de la ville; mais elle n'a rien qui la recommande à l'attention. L'ameublement en est simple et confortable.

Les deux empereurs y furent à peine arrivés, qu'ils s'enfermèrent seuls dans un petit salon, peint à fresque, au milieu duquel on avait disposé une table sur laquelle était placé un grand vase de fleurs. Ce qui se dit autour de cette table, personne ne le sut; mais quand les deux souverains en sortirent au bout d'une heure, la paix était signée entre eux.

Le lendemain, l'empereur adressa à l'armée la proclamation suivante :

« Les bases de la paix sont arrêtées avec l'empereur d'Autriche; le but principal de la guerre est atteint, l'Italie va devenir pour la première fois une nation. Une confédération de tous les États de l'Italie, sous la présidence honoraire du saint-père, réunira en un faisceau les membres d'une même famille. La Vénétie reste, il est vrai, sous le sceptre de l'Autriche; elle sera néanmoins une province italienne faisant partie de la confédération.

« La réunion de la Lombardie au Piémont nous crée, de ce côté des Alpes, un allié puissant, qui nous devra son indépendance; les gouvernements restés en dehors du mouvement ou rappelés dans leurs possessions comprendront la nécessité des réformes salutaires. Une amnistie générale fera disparaître les traces des discordes civiles. L'Italie, désormais maîtresse de ses destinées, n'aura plus qu'à s'en prendre à elle-même, si elle ne progresse pas dans l'ordre et la liberté.

« Vous allez bientôt retourner en France; la patrie reconnaissante accueillera avec transport ces soldats qui ont porté si haut la gloire de nos armes à Montebello, à Palestro, à Turbigo, à Magenta, à Marignan et à Solferino; qui, en deux mois, ont affranchi le Piémont et la Lombardie, et ne se sont arrêtés que parce que la lutte allait prendre des proportions qui n'étaient plus en rapport avec les intérêts que la France avait dans cette guerre formidable.

« Soyez donc fiers de vos succès, fiers des résultats obtenus, fiers surtout d'être les enfants bien-aimés de cette France qui sera toujours la grande nation, tant qu'elle aura un cœur pour comprendre les nobles causes et des hommes comme vous pour les défendre. »

La paix fut accueillie en France comme le plus heureux des événements ; et il n'y eut pas assez d'éloges pour le glorieux vainqueur qui savait s'arrêter au milieu de ses triomphes. La joie ne fut pas d'abord aussi grande dans l'armée. Nos soldats rêvaient de nouveaux combats ; ils avaient fait provision d'héroïsme, et il leur en coûtait de voir leur tâche si promptement terminée ; mais bientôt à l'idée de retrouver la patrie et la famille, les cœurs s'ouvrirent à l'allégresse.

Nous extrayons quelques passages d'une lettre écrite d'Italie par un officier français et publiée par le *Constitutionnel* :

« Ce qui se passe dans nos camps depuis la conclusion de la paix pourrait se dépeindre en ces simples mots : le calme après la tempête. Tout vieillit vite au temps où nous vivons, et à peine les échos du champ de bataille de Solferino ont-ils achevé de répéter les derniers coups de canon de la lutte terrible, qu'ils ne sont plus qu'un souvenir déjà loin de nous.

« Les lettres qui nous arrivent de France témoignent en général de l'allégresse avec laquelle la nouvelle de la paix a été accueillie. Dans quelques-unes perce néanmoins comme un dépit ou un regret de voir la guerre sitôt terminée. Qu'importe cependant qu'elle ait duré peu, si elle a frappé comme la foudre? Ah! si ceux qui expriment de tels regrets avaient seulement passé vingt-quatre heures dans nos rangs un jour de Magenta ou de Solferino, leur dépit serait moins grand sans doute en voyant la paix succéder à la guerre. Au milieu des loisirs de notre situation actuelle, nous pouvons apprécier ses ravages et étudier ses phases au profit de notre instruction.

« Marchant constamment en avant, l'armée française a pu relever ses blessés et enterrer ses morts. Il n'en a pas toujours été de même de l'armée autrichienne, qui, en battant en retraite et s'éparpillant çà et là, a semé la terre de cadavres, auxquels des paysans n'ont donné à la hâte, la plupart du temps, au bord du fossé de leur champ ou de la route, qu'une demi-sépulture. Un grand danger pouvait résulter de cet état de choses, auquel la paix a déjà permis de remédier en partie.

« Nos blessés, soignés provisoirement dans les maisons et les fermes voisines du champ de bataille, y recevaient tous les secours possibles; puis on les transportait dans les hôpitaux des villes. Malheureusement bien des blessures qu'on ne croyait pas très-dangereuses sont devenues mortelles, et plus d'une mère éplorée, venue de France pour prodiguer elle-même des soins à son fils, a eu la douleur de n'arriver que pour lui fermer les yeux.

« Un nombre considérable d'officiers a été atteint dans nos rangs par le feu de l'ennemi. Plusieurs causes ont été assignées à ce fait: on a parlé de leur bravoure, et en vérité, c'était inutile. Y a-t-il rien de moins rare en France que d'être brave? Et pourquoi l'officier ne le serait-il pas, quand le soldat l'est par excellence? On a dit aussi que d'habiles tirailleurs visaient surtout aux épaulettes. C'est peut-être là encore une erreur. Sous le soleil brûlant et au milieu de la fumée de la poudre, des épaulettes d'or deviennent vite noires, et il n'est guère possible de les distinguer à distance. Quant au hausse-col de l'officier, c'est autre chose ; celui-là brille d'assez loin, et des Tyroliens nous ont avoué qu'il leur avait quelquefois servi de point de mire. Pour nos soldats, à nous, ils faisaient bravement leur devoir et tiraient sur les masses ennemies, sans chercher au milieu d'elles les distinctions des chefs, assez difficiles d'ailleurs à saisir dans l'armée autrichienne.

« Maintenant que nous pouvons voir de près nos adversaires d'hier, il nous est permis d'apprendre à les bien connaître. L'armée autrichienne est une belle et vaillante armée ; elle a su nous le prouver ; et si la fortune des combats ne s'est pas déclarée pour elle, ce n'est certes pas sa faute. On a pu la calomnier ; mais qui ne calomnie-t-on pas, quand la passion égare ? Ses régiments, alignés sous les armes, ressemblent à des murs vivants ; leur tenue est régulière, leur discipline excellente et leur bravoure à toute épreuve. Il est mille fois glorieux pour la France d'avoir vaincu de tels ennemis.

« On a souvent parlé du rôle considérable que notre artillerie, perfectionnée comme elle l'est aujourd'hui, était appelée à jouer désormais sur les champs de bataille, si la guerre se déclarait.

Elle a dépassé toutes les espérances que l'on avait fondées sur son efficacité. Elle a été formidable, et, aux plus grandes distances, elle a porté la mort à coup sûr dans les rangs de l'ennemi. »

Un autre officier écrivait à sa sœur :

« Ta lettre, toute palpitante d'une joie inespérée, m'a ému jusqu'aux larmes. Non, je ne veux pas être égoïste, et, puisque la pensée de mon prochain retour en France te rend si heureuse, je ne regrette plus de voir notre armée arrêtée dans sa course victorieuse. Il est vrai qu'en apprenant la conclusion de la paix au moment où nous rêvions de nouveaux triomphes, nous avons éprouvé, mes amis et moi, une sorte de déception pleine de mélancolie; mais la réflexion n'a fait qu'augmenter notre admiration et notre reconnaissance pour l'empereur, qui a su renoncer à la gloire que son intrépide armée pouvait conquérir encore, et qui a fait taire la voix de l'ambition pour écouter celle de l'humanité.

« Après la bataille de Magenta, nos blessés, recueillis dans les hôpitaux, y avaient reçu la visite de l'empereur, qui s'était montré fort touché de leurs souffrances. Mais là, du moins, les victimes de la guerre étaient soignées avec zèle, avec dévouement, et des ressources de toutes sortes étaient mises à la disposition des chirurgiens. A Solferino, le même zèle et le même dévouement existaient; mais les ressources étaient moins abondantes. Les blessés avaient été transportés dans les maisons, dans les fermes, dans les cours, et le nombre en était si grand, que beaucoup même avaient été placés d'abord le long des rues, sur un peu de paille. C'était un triste spectacle, bien capable d'attendrir le cœur de l'empereur, qui aime ses soldats comme ses enfants; aussi assure-t-on que cette vue le disposa, mieux encore que les conseils de la prudence, à conclure la paix.

« Encore quelques jours donc, et je te reverrai, ma bonne sœur; car on parle du départ de notre régiment. Tu as raison de remercier Dieu, et c'est sans doute à tes prières que je dois d'être sorti sain et sauf de ces rudes combats. J'ai vu la mort de près, et je l'ai vue, je puis bien te l'avouer, avec le regret de n'y avoir jamais sérieusement pensé; mais puisque Dieu me laisse vivre encore, j'y songerai.

« Pendant le séjour que ma blessure à la tête m'a forcé de faire à l'hôpital, j'ai été soigné par un jeune prêtre dont l'admirable charité m'a vivement touché. Il exhortait nos soldats à la patience, consolait nos pauvres mutilés, aidait les chirurgiens dans leur terrible besogne, et semblait se multiplier pour distribuer à tous ceux qui en avaient besoin, de bonnes paroles et des soins empressés. Le jour, la nuit, à toute heure, on le voyait infatigable, et nous nous demandions par quel miracle tant de force pouvait résider dans un corps si frêle et si chétif.

« Je l'ai enfin deviné. Ce miracle, c'est la foi, c'est la charité qui l'opère. Tu sais comme notre digne et sainte mère nous a élevés, puisque tu es restée pieuse comme elle ; ses leçons si douces se sont représentées à ma mémoire ; les sentiments qu'elle s'était efforcée de graver dans nos cœurs s'y sont réveillés à la voix de ce jeune prêtre, et j'ai rougi d'avoir, par légèreté ou par respect humain, cessé d'être chrétien.

« Beaucoup de mes amis ont éprouvé quelque chose d'analogue ; peut-être cette impression ne sera-t-elle que fugitive chez quelques-uns ; j'espère de la bonté divine qu'il n'en sera pas ainsi de moi. La jeunesse ne réfléchit guère ; comment d'ailleurs accueillerait-elle des pensées sérieuses?

Elle est si riche d'espérances, la vie qui s'ouvre devant elle est si belle, si belle et si longue!... Mais voilà que tout à coup l'on voit tomber autour de soi des camarades, des amis, des frères, tout brillants aussi de jeunesse, tout rayonnants d'espérances; voilà qu'on s'expose à partager leur sort, et qu'on peut se dire: Aujourd'hui toi, demain moi!...

« On n'a pas peur, on ne songe point à reculer, loin de là; on appelle l'heure des combats; mais on pense à tout ce qu'on aurait pu faire et qu'on n'a pas fait; on voit les choses de ce monde telles qu'elles sont, c'est-à-dire bien pauvres et bien petites, et l'on s'étonne d'avoir négligé la seule affaire importante, d'avoir oublié le but pour lequel Dieu nous a créés: le connaître, l'aimer et le servir.

« Toutes ces pensées me sont venues à l'esprit le jour des batailles, et, tout en prenant pour l'avenir, si l'avenir existait pour moi, de solides résolutions, j'offrais de bon cœur ma vie, s'il plaisait à Dieu de me la reprendre. Il a bien voulu me la conserver, qu'il en soit béni; qu'il daigne m'accorder la force d'accomplir ce que j'ai résolu.

« Adieu, ma sœur; voilà une lettre qui va te réjouir, et te prouver une fois de plus ce que tu aimes à répéter, que la Providence dispose toutes choses pour notre avantage. A bientôt! Je t'embrasse comme je t'aime. »

Nous citerons encore une lettre écrite par un prêtre français qui servait en volontaire dans les hôpitaux d'Italie. Peut-être est-ce celui-là même dont l'officier parle à sa sœur en termes si remplis de respect et d'admiration.

Voici cette lettre, reproduite par la *Gazette de Lyon* :

« Malgré une chaleur tropicale et une vie on ne peut plus active, malgré de longues séances au chevet de mes chers malades, blessés, fiévreux, de toutes nuances et de toutes couleurs, je me porte très bien. Pourquoi? Parce que j'ai le bonheur de faire un peu de bien, et aussi parce que je ne puis trouver un quart d'heure pour m'ennuyer.

« Quoique sans titre officiel, je jouis de la liberté la plus complète. Je n'ai qu'à me louer de toutes les autorités françaises. On a paru enchanté en général de ma désinvolture et de mon air ouvert. J'ai rencontré une bienveillance universelle.

Chose plus consolante encore, je crois pouvoir assurer que j'ai gagné la confiance de nos soldats. Je me trouve cent fois plus militaire que je ne le soupçonnais moi-même. Il me vient dans l'occasion des accents, des répliques qui font merveille et que je ne me connaissais pas. J'attribue tout cela au bon Dieu, comme de juste, et à l'*amour immense* qu'il a daigné mettre dans mon cœur pour nos chers blessés.

« Depuis un mois, j'ai parlé peut-être à six mille malades, et, je puis l'assurer, je n'ai pas entendu un seul blasphème, une seule parole inconvenante. J'ai trouvé dans nos soldats, au sein de cuisantes douleurs, une grande dignité mariée à une jovialité dont le soldat français a seul le secret. Dans tous les hôpitaux, il m'est arrivé de convoquer les convalescents au milieu de la cour, au son du clairon. Là, ils ont entonné *Esprit-Saint* avec un admirable entrain. Là, monté sur un banc ou sur une table, j'ai pu promener mes regards sur un cercle immense de héros mutilés. Eh bien! tous ces sublimes écloppés, dont la plupart portaient une ou deux balles autrichiennes dans leur blague, pleuraient comme des enfants quand je leur enseignais l'art de faire un cœur de martyr avec un cœur de héros.

« J'en ai confessé un très-grand nombre, et il n'en sortirait peut-être pas un seul de l'hôpital sans avoir réglé ses comptes, si nous avions une chapelle dans chaque établissement. Quand je vais leur dire la messe le dimanche, il y a des malades qui se font descendre, pour y assister, sur le dos de leurs camarades. Avant-hier, un turco musulman m'ayant témoigné le désir de se faire chrétien, deux zouaves se sont offerts à lui enseigner le catéchisme. Vous auriez ri et pleuré en voyant avec quelle bonne volonté comique ils lui expliquaient la chose. Je suis occupé maintenant à instruire un jeune Bernois, protestant, de la légion étrangère. Il a eu le bras traversé de deux balles à Magenta. Je recevrai son abjuration dimanche. Il aura pour parrain un zouave qui a perdu un bras dans le même combat.

« Quand j'arrive dans un hôpital avec quelques paquets de cigares, je m'approche d'un blessé quelconque, je lui cause du bon Dieu, puis, tout haut, je raconte les nouvelles les plus récentes. Tous mes loustics, en entendant parler de Vérone, se lèvent, mettent leurs pantalons, accourent, forment un cercle... Peu à peu j'arrive, en glissant tout doucement, à des chapitres plus utiles; sans en avoir l'air, je finis par trouver le moyen de réfuter leurs préjugés, et tous de s'écrier: « C'est pourtant vrai! »

« Parfois il s'en trouve un qui veut faire le malin et qui me dit: « Monsieur le curé, je vous « avoue que je ne suis pas un bigot, moi; je ne « crois qu'à ce que je vois.... » Le cercle attentif se demande comment je vais me tirer de là. Je pourrais répondre par un beau chapitre de Pascal; mais le zouave aime le chemin le plus court. Je dis donc à mes philosophes: « Mes « amis, croyez-vous à vos boyaux? — Si j'y « crois! Parbleu! fallait bien y croire avant-hier, « que j'avais une colique du diable. — Les avez- « vous vus? — Oh! pour le coup, me voilà « flambé.... » Et les autres camarades de s'écrier: « Camarade, vois-tu, t'es une bête; faut pas s'y « frotter avec notre aumônier, c'est un zouave « du bon Dieu. »

« Il y a des zouaves qui savent tout faire. Dernièrement, en visitant les blessés de Melegnano qui campent sous la tente, dans le jardin du collége national, un de ces braves me lit le récit du combat qu'il vient de terminer. Ce récit, en *vers de dix-huit pieds*, contenait des pensées sublimes, brûlantes, à côté de certains calembours dans le genre de celui-ci : Mourir un peu plus tôt, un peu plus tard, qu'importe, pourvu qu'on meure en héros! D'ailleurs, ceux que j'ai vus tomber n'ont pas trop à se plaindre.... ils ont passé mille ans (Milan).... Pends-toi!...

« Comme vous le voyez, cher ami, je vous raconte simplement ce que je vois, ce que j'entends; je n'exagère rien, je ne fais pas de rhétorique. Je puis m'abuser, mais je suis fou de nos soldats. Pas un ne se plaint. On parle des anachorètes! mais toute notre armée d'Italie est une armée de deux cent mille anachorètes qui souffrent tous sans murmurer. Il leur faudrait, pour être des saints, deux choses: l'état de grâce et la pureté d'intention. Eh bien! croyez-le, il y en a beaucoup qui en sont là.

« Si le sensualisme peuple l'enfer, c'est l'austérité qui peuple le ciel. Pour beaucoup, si la guerre n'est pas la vertu, elle la prépare. »

Aussitôt après la conclusion de la paix, l'empereur reprit le chemin de ses États. Il fut accueilli avec un enthousiasme impossible à décrire ; chacun lui savait gré d'avoir porté si haut la gloire de la France, et admirait la modération héroïque qui l'avait arrêté au milieu des plus brillants faits d'armes.

En recevant les félicitations des grands corps de l'État, l'empereur voulut donner lui-même l'explication des motifs qui avaient déterminé sa conduite.

« Lorsque, après une heureuse campagne de deux mois, dit-il, les armées française et sarde arrivèrent sous les murs de Vérone, la lutte allait inévitablement changer de nature, tant sous le rapport militaire que sous le rapport politique. J'étais fatalement obligé d'attaquer de front un ennemi retranché derrière de grandes forteresses, protégé contre toute diversion sur ses flancs par la neutralité des territoires qui l'entouraient, et, en commençant la longue et stérile guerre des siéges, je trouvais en face l'Europe en armes, prête, soit à disputer nos succès, soit à aggraver nos revers.

« Néanmoins, la difficulté de l'entreprise n'aurait ni ébranlé ma résolution ni arrêté l'élan de mon armée, si les moyens n'eussent pas été hors de proportion avec les résultats à attendre. Il fallait se résoudre à briser hardiment les entraves opposées par les territoires neutres, et alors accepter la lutte sur le Rhin comme sur l'Adige. Il fallait partout franchement se fortifier du concours de la révolution. Il fallait répandre encore un sang précieux qui n'avait que trop coulé déjà; en un mot, pour triompher, il fallait risquer ce qu'il n'est permis à un souverain de mettre en jeu que pour l'indépendance de son pays.

« Si je me suis arrêté, ce n'est donc pas par lassitude ou par épuisement, ni par abandon de la noble cause que je voulais servir, mais parce que dans mon cœur quelque chose parlait plus haut encore : l'intérêt de la France.

« Croyez-vous donc qu'il ne m'en ait pas coûté de mettre un frein à l'ardeur de ces soldats qui, exaltés par la victoire, ne demandaient qu'à marcher en avant?

« Croyez-vous qu'il ne m'en ait pas coûté de retrancher ouvertement, devant l'Europe, de mon programme le territoire qui s'étend du Mincio à l'Adriatique?

« Croyez-vous qu'il ne m'en ait pas coûté de voir, dans des cœurs honnêtes, de nobles illusions se détruire, de patriotiques espérances s'évanouir?

« Pour servir l'indépendance italienne, j'ai fait la guerre contre le gré de l'Europe; dès que les destinées de mon pays ont pu être en péril, j'ai fait la paix.

« Est-ce à dire maintenant que nos efforts aient été en pure perte? Non. Ainsi que je l'ai dit dans les adieux à mes soldats, nous avons droit d'être fiers de cette courte campagne. En quatre combats et deux batailles, une armée nombreuse, qui ne le cède à aucune en organisation et en bravoure, a été vaincue. Le roi de Piémont, appelé jadis le gardien des Alpes, a vu son pays délivré de l'invasion et la frontière de ses États portée du Tessin au Mincio. L'idée d'une nationalité italienne est admise par ceux qui la combattaient le plus. Tous les souverains de la Péninsule comprennent enfin le besoin impérieux de réformes salutaires.

« Ainsi, après avoir donné une nouvelle preuve de la puissance militaire de la France, la paix que je viens de conclure sera féconde en heureux résultats; l'avenir les révèlera chaque jour davantage, pour le bonheur de l'Italie, l'influence de la France, le repos de l'Europe. »

A mesure que nos soldats rentraient en France, après s'être couverts de gloire pendant cette magnifique campagne, ils y étaient accueillis avec un véritable enthousiasme; chacun s'empressait de leur faire oublier les souffrances et les privations si courageusement supportées; mais le 14 et le 15 août avaient été fixés par l'empereur pour fêter le retour de ces vaillantes légions.

Les troupes, réunies au camp de Saint-Maur, firent leur entrée triomphale à Paris, le dimanche 14 août, aux acclamations de toute la population et d'une foule innombrable accourue de tous les points de la France et de l'étranger, pour assister à cette imposante solennité.

La ville de Paris avait déployé la plus grande pompe dans la décoration des places et des rues que les troupes devaient parcourir. Dès la barrière du Trône, les maisons étaient pavoisées, et des guirlandes de fleurs et de feuillage, soutenues par des mâts vénitiens, se balançaient d'un côté à l'autre de la rue. Sur la place de la Bastille s'élevait un immense arc de triomphe, représentant la cathédrale de Milan. Des drapeaux flottaient sur ses vingt-deux clochetons, une statue de la Paix couronnait le portail principal; des statues colossales soutenaient les nervures de la façade, entre lesquelles étaient inscrits les noms des régiments qui avaient pris part à la guerre.

Au pied de la statue de la Paix, se lisait cette inscription :

A L'EMPEREUR!

A L'ARMÉE D'ITALIE

LA VILLE DE PARIS.

Les noms des victoires remportées, Montebello, Palestro, Turbigo, Magenta, Melegnano, Solferino, complétaient, avec des bas-reliefs représentant des sujets religieux, la décoration de l'édifice. L'autre façade du monument, celle qui regardait le boulevard, était ornée d'une statue de la Guerre.

Un portique à trois arcades, couronné d'un aigle gigantesque, aux ailes d'or déployées et tenant dans ses serres un drapeau décoré de la croix de la Légion d'honneur, s'élevait devant le cirque Napoléon, et les noms de nos victoires y étaient répétés.

Du boulevard du Temple à la rue de la Paix, des mâts vénitiens, ornés de bannières flottantes, formaient une superbe avenue; devant les théâtres, des colonnes splendidement ornées portaient de riches étendards ou des trophées et des statues de la Victoire.

A la hauteur de la rue de la Paix, un monument d'un aspect grandiose avait été élevé. Un piédestal de cinq mètres de haut supportait une chaise curule sur laquelle était assise une statue de la Paix. Elle tenait d'une main un traité de paix, de l'autre une épée, la pointe tournée vers la terre. Un lion était couché à ses pieds, et des aigles d'or battaient des ailes à ses côtés. Ce monument, dont le piédestal était formé de canons autrichiens, portait en lettres d'or le nom de Villafranca et les inscriptions suivantes :

Solferino. — Chasseurs à pied, garde impériale, un drapeau ; — 76e de ligne, un drapeau ; — voltigeurs, garde impériale, treize canons ; — 1er corps de cavalerie, quatre canons ; — 3e corps, 2e division, deux canons ; — 2e de ligne, un canon ; — 55e de ligne, un canon.

Palestro. — 3e zouaves, cinq canons.

Turbigo. — 2e corps, trois canons.

Magenta. — 45e de ligne, un drapeau; — 2e zouaves, un drapeau; — 3e grenadiers, garde impériale, un canon.

Melegnano. — 1er corps, un canon.

La place Vendôme, où les troupes devaient défiler devant l'empereur, avait surtout été magnifiquement décorée. Seize colonnes très-élevées, reposant sur un socle de marbre blanc et surmontées de seize statues d'or représentant la Victoire, en ornaient l'entrée du côté de la rue de la Paix et de la rue Castiglione. La place, couverte de banquettes garnies d'étoffe cramoisie, ressemblait à un cirque immense; toutes les fenêtres et les balcons qui l'entourent étaient tendus de velours pourpre, semé d'abeilles d'or; des aigles d'or couronnaient les frontons, des trophées de drapeaux se voyaient dans tous les angles, et des guirlandes de feuillage et de fleurs couraient le long des toits.

Une élégante tribune, supportée par un avant-corps d'architecture, et couverte d'un velarium de pourpre et d'or, avait été disposée pour l'impératrice et le prince impérial.

Le dimanche 14 août, à neuf heures du matin, l'empereur, suivi de son état-major, alla recevoir l'armée devant l'arc de triomphe de la Bastille et prit place à la tête des colonnes.

Les cent-gardes ouvraient la marche, l'empereur et son état-major venaient ensuite, puis un peloton de guides. Immédiatement après l'escorte impériale paraissaient les blessés, précédés de trois aumôniers de l'armée d'Italie. Pâles et se soutenant à peine, ils marchaient cependant avec fierté, et sur leur passage bien des larmes coulaient.

Plusieurs régiments appartenant à la garde impériale suivaient les blessés; les drapeaux autrichiens et les canons pris par nos soldats venaient ensuite; enfin les corps d'armée commandés par les maréchaux Baraguey-d'Hilliers, de Mac-Mahon, Canrobert et Niel.

Toutes ces troupes défilèrent aux acclamations d'une foule innombrable, entassée sur les chaussées des boulevards, sur tous les balcons, à toutes les fenêtres et jusque sur les toits. Des fleurs, des couronnes de laurier pleuvaient sur les soldats, et des cris enthousiastes saluaient chaque régiment. C'était un spectacle impossible à décrire et dont le souvenir vivra longtemps; car la France a prouvé dans ce jour combien elle est fière des nobles enfants qui prodiguent leur sang pour la gloire de son drapeau.

Maintenant elle attend les fruits de tant et de si généreux sacrifices. Dieu veuille qu'elle n'en soit point frustrée par les intrigues et les machinations perfides des sectes révolutionnaires.

FIN.

TABLE.

PAGES.

FIN DE LA TABLE.

Rouen. Imp. E. VIMONT, Grand'Rue, 156.

www.ingramcontent.com/pod-product-compliance
Ingram Content Group UK Ltd.
Pitfield, Milton Keynes, MK11 3LW, UK
UKHW020106200726
13856UKWH00002B/405

9 782011 739209